Mythologie nordique

Contes nordiques anciens, dieux, légendes et êtres de A à Z

Par les lecteurs de History Activist

Introduction

La mythologie nordique vous intéresse ?

Ce livre est l'introduction parfaite au monde fascinant de la mythologie nordique. Il contient tous les anciens dieux, les mythes, les légendes et le folklore qui ont été transmis par la tradition orale pendant des siècles.

La mythologie nordique est un sujet fascinant. Elle raconte les anciennes histoires des pays nordiques. Ces contes sont remplis de magie et d'aventure, et ils donnent un aperçu unique des croyances et des valeurs des personnes qui les ont créés.

Le panthéon nordique comprend des personnages aussi connus qu'Odin, Thor et Loki. Le corpus de connaissances connu sous le nom de mythologie nordique se compose de nombreux textes et poèmes, dont beaucoup sont fragmentaires et datent de la période médiévale.

Les dieux nordiques utilisent souvent la magie pour accomplir leurs objectifs et peuvent voyager vers d'autres royaumes, comme Midgard (le monde des humains) et Asgard (la maison des dieux). Les dieux sont souvent engagés dans des conflits entre eux, ainsi qu'avec des géants, des nains et des monstres.

Les héros mortels jouent également un rôle important dans ces histoires nordiques, mettant leur force et leur courage à l'épreuve contre des obstacles apparemment insurmontables. En plus d'être un divertissement, ces histoires avaient une fonction importante dans la société nordique antique, car elles aidaient les gens à comprendre leur place dans le monde et leur enseignaient de précieuses leçons d'éthique et de moralité.

Avec son histoire riche et colorée, la mythologie nordique a inspiré les artistes et les écrivains depuis des générations. Vous pouvez maintenant découvrir ce monde captivant par vous-même grâce à notre livre.

Table des matières

4

Mythologie nordique

Aesir

Également orthographié Æsir.

La principale race de dieux, dirigée par Odin

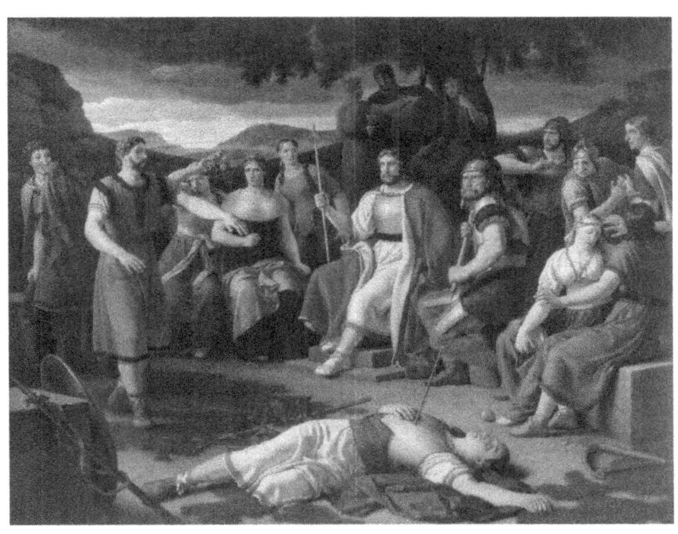

Les Æsir (en vieux norrois : Æsir) sont les disciples d'Odin. Selon Snorri Sturluson, le principal interprète médiéval des mythes, Aesir signifie "peuple d'Asie". Ils sont opposés aux Wanen, qui sont considérés avant tout comme des dieux de la fertilité. Ces deux familles de dieux sont apparues après la création du monde par Odin, Vili et Ve. Odin n'était pas encore satisfait, mais ses frères l'étaient, qui voulaient faire le tour de leur création. C'est ainsi que les deux familles de dieux ont été créées.

Asie

Le pays situé à l'est du Tanakvísl (Don), en Asie, était connu sous le nom de Ásaland [pays des Ases] ou Ása-heimr [monde des Ases], et la principale forteresse du pays était appelée Ásgard. (début du chapitre deux de la *saga Ynglinga* de Snorri)

Étymologie

Aesir est pluriel, *áss* est singulier, ásynjur sont les aesir féminins, *asynja* est un áss féminin. Étymologiquement, *áss* semble être dérivé de la racine indo-européenne, qui signifie "souffle" et peut être associé à la vie et aux forces vitales. Une étymologie divergente associe le mot à la royauté et à

7

la " liaison des dieux ", parallèlement aux termes *bönd* et *höpt*. Il s'apparente également au vieil anglais *os* (dieu, divinité) et *anses* (demi-dieux).

Æsir et Elfes

Les aesir sont mentionnés en tant que groupe dans le *Thrymskvida*, entre autres. Ils sont souvent mentionnés dans une formule en même temps que les álfar (elfes), comme dans *Völuspa* (strophe 48) : " Et les aesir, et les elfes ? ". De telles formules apparaissent également dans le *Grímnismál*, le *Skírnismál* et le *LokÆsirna*.

Ása-Thor

Thor est aussi Ása-Thor (Thor des Ases). Il est le seul dieu dont le nom se prolonge de cette façon et on pense que c'est pour cela qu'il était considéré comme le meilleur des Ases.

Cause de la guerre

Plus tard, mais " au début des temps ", il y aurait des querelles entre les deux familles, notamment parce que les Æsir voulaient construire un mur pour protéger Asgard. Les Æsir n'en voulaient pas car cela aurait entravé leur libre passage (car les Æsir se déplaçaient, ils ne restaient pas au même endroit). Une guerre s'est donc déclenchée entre les Æsir et les Wanen. La guerre est connue par *Völuspa* et par la *saga Ynglinga* de Snorri dans son *Heimskringla* et le *Skáldskaparmál* de son *Edda*.

Selon la Völuspa (strophe 21-24), lorsqu'elle est venue à eux, les Ases auraient transpercé Gullveig (buveur d'or ou empoisonneur d'or, rédemption d'or) avec des lances enflammées et l'auraient brûlée dans la " salle de Hár ". Trois fois elle fut brûlée, trois fois elle renaquit. Appelée Heid (peut-être "radieuse"), elle était une voyante et une sorcière qui travaillait avec le *seid* (art de la prophétie, magie) et était toujours "le délice de toute femme méchante". Les dieux les plus saints devaient décider si, pour cela, seuls les aesir devaient être punis ou si tous les dieux devaient payer.

Odin lança sa lance dans l'armée de ses adversaires (les *vanirs*) et le mur de protection d'Asgard, la forteresse des asins, fut brisé. Les vanirs étaient également habiles à la guerre.

Réconciliation

Plus tard, les deux familles se réconciliaient et créaient Kvasir pour les aider à maintenir la paix en agissant comme un médiateur entre les deux familles. Kvasir était le résultat de la salive de l'aesir et du vanir, mélangée dans un chaudron. C'est de Kvasir que provenait "l'hydromel de la poésie", auquel les *skalden* (poètes) allaient boire plus tard (d'où la possibilité de kvas).

De plus, les deux familles s'échangeaient des " otages ". Certains des Æsir allaient vivre chez les Wanen et vice versa. Par exemple, Njord avec sa fille Freya et son fils Freyr s'installaient dans l'Asgard, et Honir et Mimir, entre autres, partaient voyager avec les Wanen. Comme Honir était incapable de diriger sans consulter Mimir, Mirmir fut décapité et renvoyé chez les aesir. Odin réussit à garder la tête de Mimir qui lui confia de nombreux secrets. Freya enseigna d'abord aux Ases l'art du *seid*.

Douze Æsir

Les douze grands Ases sont : Odin, Thor, Baldr, Tyr, Bragi, Heimdall, Hod, Vidar, Vali, Ull, Forseti et Loki.

Asgard

Le lieu de résidence des dieux du pays.

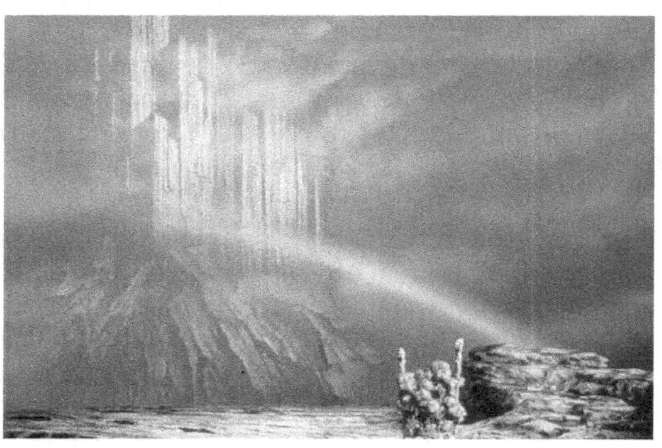

Asgaard (vieux norrois ***Ásgarðr***), dans la mythologie nordique, est le lieu où vivaient les Æsir et les Asinnen (les dieux), considéré comme distinct du monde où vivent les humains (Midgaard), et situé soit dans l'espace, soit au centre du monde. Seul l'Yggdrasil mondain traverse toutes les sphères (mondes) de la cosmogonie nordique, les reliant ainsi dans les profondeurs du cosmos.

Asgaard était entouré d'un mur insurmontable, construit par un géant, après la guerre avec les Wanen. Voir aussi Svadilfari.

La seule liaison entre Midgaard et Asgaard se fait par le pont Bifröst, un pont arc-en-ciel gardé par Heimdall.

Origine et fonction

Asgaard, selon la mythologie d'Europe du Nord, a été construit par Odin et ses frères avec l'aide de quelques Thursen. C'était après que le monde primitif dans le Ginnungagap se soit formé par l'action du feu et de la glace et après que la plupart des géants primitifs aient péri en sacrifiant ce monde primitif (Ymir).

Le centre d'Asgaard est le champ Iðavöllr. C'est dans ce centre qu'Odin (ou Wodan) a fait construire un palais Gladsheimr avec un trône pour lui-même Hlidskjalf, d'où il peut contempler les neuf mondes, et douze autres

10

trônes pour les Æsir qu'il a désignés pour régner avec lui. Pour les Asinnen, on a construit le palais Vingólf et plus tard, pour les héros, le Valhalla.

Ce sont les endroits où les dieux se réunissaient pour discuter de choses importantes. Ils se réunissaient également tous les jours au puits d'Urd, au pied de la racine de l'arbre du monde Yggdrasil, pour boire le breuvage de la sagesse.

Le géant de pierre Hrimthur a construit le mur avec la perspective de posséder Freya comme épouse ainsi que le Soleil et la Lune en récompense. Sur les conseils astucieux de Loki, les Æsir conclurent un accord avec lui selon lequel l'ensemble de la construction serait achevé en à peine six mois, ce qu'ils considéraient comme impossible à réaliser. Hrimthur accepta les stipulations, à condition qu'il soit également autorisé à utiliser son cheval Svadilfari.
 Au grand désarroi des Æsir, Hrimthur semblait pouvoir réussir à achever les travaux dans le temps imparti, car à peine trois jours avant l'échéance finale, il ne manquait qu'une arche de porte. Puis Loki se transforma en jument et séduisit l'étalon Svadilfari qui disparut avec la jument pendant un certain temps. (La jument donna ensuite naissance à Sleipnir, l'étalon d'Odin). Le géant ne put donc pas remplir son contrat et, fou de rage, se fit reconnaître comme un géant, après quoi Thor l'écrasa avec son marteau magique.

Asgard est une forteresse géante, une sorte de royaume céleste, avec comme élément principal les douze palais des dieux dont parle le Grímnismál. Ces douze châteaux célestes sont dits être faits d'or et de pierres précieuses, les voûtes de lances d'or. Les murs et les sols sont couverts d'or, et sur les toits brillent des boucliers de héros à la place du soleil et de la lune. La demeure de Thor, Thrudheim, n'est pas comptée parmi les châteaux célestes, car elle est trop proche du monde terrestre et marque la limite entre Asgard et Midgard.

Les douze palais et leurs *propriétaires*

L'ordre ici est purement alphabétique :

1. Alfheim, ("*Alfenheim*") Palais des Freyrs
2. Breidablik, ("*Breedglans*") Palais de Baldrs
3. Folkvangr, ("*Place du peuple*") Palais de Freyja avec salle Sessrumnir
4. Gladsheimr, ("*Monde de la joie*") Palais d'Odin avec salle Valhalla

5. Glitnir, ("*Glitter*", "*Radiant*") Palais de Forseti
6. Himinbjörg, Palais Heimdalls
7. Nóatún, ("*Place du navire*") Palais Njörðrs
8. Sökkvabekkr, ("*Deep Creek*") Palais de Saga
9. Þrymheimr, le palais de Skaði
10. Valaskjálf, le palais de Vali avec le trône d'Odin Hlidskjalf
11. Vidi, le palais de Vidar, également Landwidi ("*largeur de la terre*")
12. Ydalir, Palais d'Ullrs

Audhumia

Également orthographié Audhambla, ou Audhumla.

La vache qui a créé Buri en léchant de la glace.

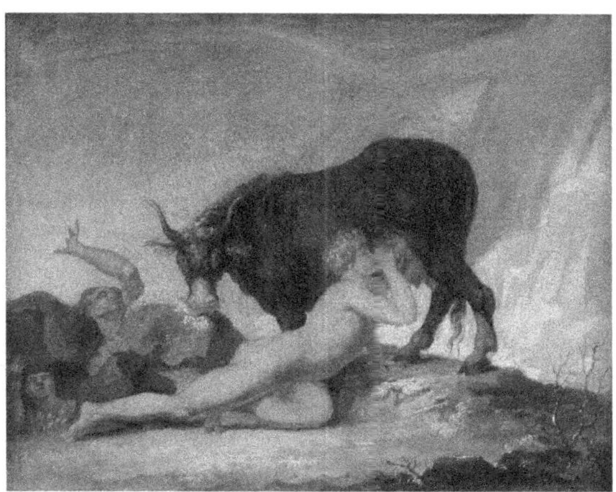

Auðumbla (également appelée Audhumbla, Audumla ou Audhumla) était la vache primordiale dans la mythologie nordique.

Audhumla fut formée à partir de la glace fondue libérée lorsque la glace de Niflheim et le feu de Muspelheim se réunirent dans le Ginnungagap, le vide primordial. De ces gouttes de glace fondue, au début des temps, avait également émergé Ymir, le géant primitif.Ymir buvait les quatre courants de lait qui coulaient de ses mamelles, tout en se nourrissant du sel des pierres mûres.En léchant la glace salée, elle libéra ensuite le géant Buri, le père primitif des dieux, en trois jours. Le fils de Buri était Borr, le père d'Odin, Vili et Ve. Les trois frères ont créé le monde en sacrifiant Ymir.

Álfheimr

Dans la mythologie nordique, **Alfheim** (ou en vieux norrois **Álfheimr**, qui signifie maison des elfes) est l'un des neuf mondes entourant Yggdrasil.

Il se trouve au deuxième niveau le plus élevé de l'arbre de vie Yggdrasil, tout comme Musspelheim (la maison des géants du feu). Le seul monde plus élevé est Asgard, la maison des cendres.

Alfheim est habité par les *elfes de lumière* et par le dieu Freyr qui règne sur ce monde..... Il avait autrefois reçu Alfheim en cadeau dentaire et y possède un grand et puissant palais. On ne sait pas grand-chose d'autre sur Alfheim, car ce monde n'apparaît pas dans de nombreux récits..... Les Alves n'ont pas un rôle prépondérant dans la mythologie nordique, mais ils en ont un dans de nombreuses autres cultures, comme les sagas et légendes celtiques et médiévales.

Balder

Également orthographié Baldur ou Baldr.

Dieu de la beauté, de l'amour, de la pureté, de la paix et de la justice.

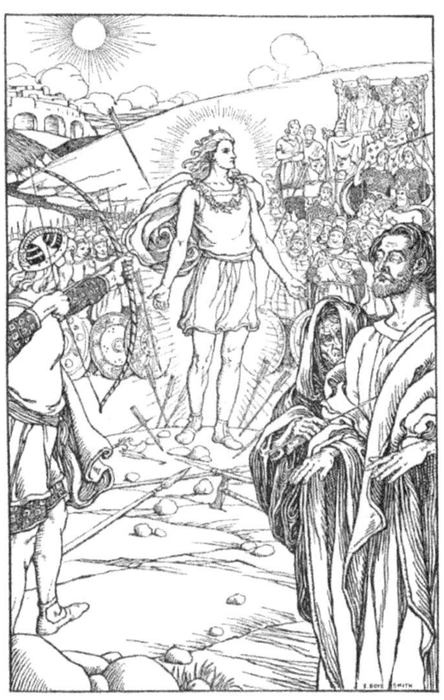

Baldr ou **Balder** est un dieu Æsir de la mythologie nordique. Il était surnommé le Beau et le Bon.

Baldr est le fils du dieu principal Odin et de sa femme la déesse Frigg, et il vivait dans le palais Breidablik avec sa femme Nanna. Tant qu'il vivait, le palais dans lequel il vivait répandait la lumière sur la terre. C'est pourquoi Baldr était également honoré comme un dieu de la lumière et du printemps, de la sagesse et de l'éloquence. Sa justice et sa bonne humeur faisaient oublier à tous les temps sombres.

Dans un rêve, il a été prophétisé que quelqu'un tuerait Baldr. Frigg a donc demandé à tout le monde de faire le serment de ne pas lui faire de mal. Les arbres comme les animaux devaient prêter serment ; personne n'était oublié. Grâce à cette mesure, tout le monde oublia rapidement la menace

15

de mort et la paix revint. Mais Loki, le fauteur de troubles, n'était pas satisfait. Il apprit que le gui n'avait pas prêté serment et pouvait donc tuer Baldr. Il transforma le gui en flèche et demanda à Hodr, un frère aveugle de Baldr, de la tirer sur Baldr. Ainsi, Hodr, qui ne se doutait de rien, tua son propre frère.

Baldr ne peut pas aller à Valhöll car il n'est pas mort honorablement sur le champ de bataille, il doit donc aller à Hel (Folkvangr, le monde souterrain " ordinaire "). Frigg supplie tout ce qui existe dans le monde de permettre à Baldr de revenir dans le monde afin qu'il puisse ensuite aller à Valhöll. La condition de Hel est qu'ensuite tout le monde, sans exception, doit faire son deuil sur terre. Cependant, il y a un géant qui refuse de faire son deuil ; c'est un déguisement de Loki.

Lors de l'incendie de Baldr, sa femme Nanna saute sur le feu, la tuant et allant avec Baldr à Hel. Lorsque le nouveau monde naîtra, Baldr sera l'être principal, après le Ragnarok.

Baldr est également celui que la fille géante Skadi avait espéré pouvoir choisir parmi les Æsir en compensation de la mort de son père. Elle ne fut autorisée à voir que les pieds des candidats et choisit parmi eux les pieds les plus blancs. Ceux-ci, cependant, étaient ceux du dieu de la mer Njord.

Cult

Selon James Frazer (auteur de *The Golden Bough* (1890-1922), un ouvrage très influent et controversé sur les mythes et les coutumes de nombreux peuples), il existait un culte de Baldr : une palissade entourant un lieu sacré avec une sorte de temple, avec des effigies de dieux. L'histoire de Baldr se prête à la représentation, tout comme les tragédies grecques.

Il y avait des rituels impliquant des festivals de feu et des sacrifices humains. Les funérailles de Baldr, au cours desquelles une géante a envoyé un bateau dans la mer en guise de bûcher funéraire, sont devenues le symbole de la nuit de la Saint-Jean.

Baldr est aussi le dieu des arbres : les forêts sacrées de Norvège lui étaient dédiées. Le gui (herbe à sorcière), bois avec lequel il a été tué, pousse rarement sur un chêne. D'où l'interprétation comme un signe de foudre des dieux, sacralisant le chêne. Chez les Celtes, les druides coupaient ce gui au milieu de l'été avec une faucille d'or. Fraser en voit les reliques dans le feu de la Saint-Jean. Les Germains ont ensuite commémoré la mort de Baldr.

Bifröst

Dans la mythologie nordique, **Bifröst** (*Rocking Sky Road*) est le pont arc-en-ciel tricolore qui relie Asgard et Midgard. Il est gardé par le vigilant Heimdal, qui surveille le pont depuis son château Himinbjörg.

C'est un pont flamboyant, qui s'effondrera le jour du Ragnarok : il s'écroulera sous le poids des fils de Surt. Tous les dieux empruntent quotidiennement ce pont à cheval, sauf Thor, qui doit marcher car il a dilapidé le sien. Ainsi, il doit à chaque fois s'éteindre les pieds dans les deux rivières qui jaillissent de la source d'Urd, sur laquelle vivent les Nornes et où se dresse l'arbre du monde Yggdrasil.

Bor

Le fils de Búri, architecte d'Asgard.

Bor(r), dans la mythologie nordique, est le fils de Búri. Il a épousé Bestla, la fille du géant Bölthorn. Ils ont eu trois fils : Odin, Vili et Vé.

Bragi
Dieu de la connaissance, de la poésie, de l'éloquence et patron des skalds.

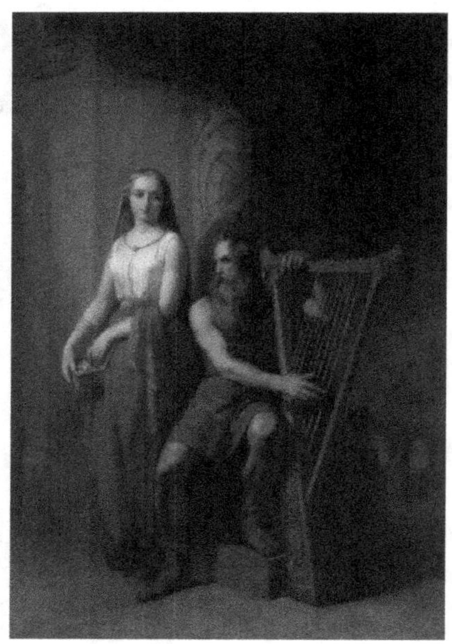

Bragi est le dieu poète de la mythologie nordique. Il est le fils d'Odin et de Gunnlod.

Quand Odin a dit au revoir à Gunnlod, il avait encore des gouttes de la forge du poète sur ses lèvres. Ces quelques gouttes étaient suffisantes pour imprégner complètement l'enfant qui grandissait déjà dans le ventre de Gunnlod à ce moment-là (après avoir fait l'amour avec le Odin déguisé pendant 3 jours entiers).

Origine étymologique

Bragi est communément associé à *bragr,* qui signifie en vieux norrois "*poésie*", mais aussi "*premier responsable*", "*chef*". Il se peut que le nom du dieu soit dû à cela, mais il se peut aussi que ce soit l'inverse, que *bragr* signifie *ce que Bragi fait.*

Références bibliographiques de l'Edda

Gylfaginning

Snorri Sturluson écrit dans le *Gylfaginning* après avoir décrit Odin, Thor et Baldr :

L'un d'entre eux s'appelle Bragi : il est connu pour sa sagesse, et surtout pour sa facilité d'élocution et son habileté à manier la parole. C'est lui qui connaît le mieux le skaldship, et après lui, le skaldship est appelé *bragr*, et après son nom, on appelle l'*homme* ou la femme *bragr*, qui possède une éloquence supérieure à celle de tous les autres hommes ou femmes. Sa femme est Iðunn.

Skáldskaparmál

Dans son *Skáldskaparmál,* Snorri écrit :

Comment peut-on décrire Bragi ? En l'appelant "mari d'Iðunn", "premier poète", "dieu à la longue barbe" (d'après son nom, un homme à la grande barbe est appelé Baard-Bragi), et "fils d'Odin".

Ce n'est qu'ici qu'il est clairement indiqué que Bragi est le fils d'Odin. Il apparaît également dans certaines versions d'une liste des fils d'Odin. Mais "wish son" dans la strophe 16 du LokÆsirna pourrait signifier "le fils d'Odin" et est traduit par Hollander par "le parent d'Odin". La mère de Bragi n'y est pas mentionnée. S'il s'agit de Frigg, Frigg agit de manière quelque peu dédaigneuse à ce sujet dans la strophe 27 de la LokÆsirna où elle se plaint que si elle avait un fils dans la salle d'Ægirs aussi courageux que Baldr, Loki devrait se battre pour sa vie.

La première partie de Skáldskaparmál contient un dialogue entre le dieu géant Ægir et Bragi sur la nature de la poésie, en particulier la poésie skaldique. Bragi parle de l'origine de l'hydromel du poète à partir du sang de Kvasir et de la façon dont Odin en est venu à le posséder. Il discute ensuite de diverses métaphores poétiques connues sous le nom de *kennings*.

Dans le même poème, cependant, c'est Bragi qui, dans un premier temps, empêche Loki d'entrer dans la salle où se déroule le festival des dieux, mais Odin passe outre. Loki salue alors tous les dieux et déesses présents dans la salle, sauf Bragi. Bragi offre généreusement son épée, son cheval et un anneau de bras comme cadeaux de paix, mais Loki répond en accusant Bragi de lâcheté et dit qu'il aurait le plus peur de se battre avec n'importe lequel des Æsir et des Elfes dans la salle. Bragi répond que s'ils se retrouvaient en dehors de cette salle, qui est un sanctuaire, il aurait la tête de Loki, mais Loki répète péniblement l'accusation. Lorsque Iðunn tente d'apaiser Bragi, Loki l'accuse d'avoir embrassé le meurtrier de son frère, ce qui n'est pas entré dans la tradition jusqu'à nos jours. Il est possible que Bragi ait renversé le frère d'Iðunn ou que cela fasse référence à quelque chose de totalement différent.

Sigrdrífumál

Un passage du poème *Sigrdrífumál* de l'Edda décrit comment les runes sont gravées sur le soleil, les oreilles des lichens du soleil et les sabots des autres, les dents de Sleipnir, les griffes de l'ours, les mâchoires de l'aigle, les griffes du loup, et bien d'autres choses encore, y compris la langue de Bragi. Ces runes sont ensuite rasées et envoyées dans le monde extérieur mélangées à de l'hydromel afin que les Æsir en obtiennent une partie, les Elfes une partie et les Humains une partie. Ce sont alors des runes de hêtre et des runes de naissance, des runes de bière et des runes magiques. La signification de tout cela est obscure.

Eiríksmál

Dans l'épopée *Eiríksmál*, Odin apprend l'arrivée au Valhalla du roi de Norvège Eirik Bloodaxe et de son armée. Il demande aux héros Sigmund et Sinfjötli de se lever pour l'accueillir. Dans le poème héroïque *Hákonarmál,* c'est Hákon le Bon qui est emmené au Valhalla par le walkure Göndul et Odin envoie Hermóðr et Bragi pour l'accueillir. Dans ces poèmes, Bragi peut être soit un dieu, soit un héros mort au Valhalla. Il est difficile de trancher d'autant plus que *Hermóðr* semble aussi être tantôt le nom du dieu, tantôt celui d'un héros. Il peut s'agir d'un parallèle avec le passage de la LokÆsirna où c'est également Bragi qui s'adresse en premier à Loki lorsqu'il tente d'entrer dans la salle. Il se peut que la coutume ait voulu que les personnes éloquentes et compétentes dans l'art skaldique fassent également le discours de bienvenue à ceux qui entraient dans une salle, tout comme il était également de coutume germanique de porter un toast à quelqu'un.

Identification avec Odin lui-même

Selon le professeur français de langues et de civilisation scandinave à la Sorbonne Régis Boyer, le personnage de Bragi pourrait bien être un alias d'Odin lui-même, puisque tous deux sont à la base de la poésie. (Régis Boyer, *Héros et dieux du Nord : guide iconographique*, Paris, Flammarion, 1997. 185 p. Tout l'art. Encyclopédie. ISBN 2080122746). Comme c'est souvent le cas dans les systèmes polythéistes, un dieu est présent sous de nombreux aspects sous la forme d'autres dieux. Cela rend aussi précisément l'immense richesse du polythéisme en facettes, nuances et concepts.

Bragi Boddason

Snorri Sturluson fait clairement la distinction entre le skald mortel Bragi Boddason et le dieu Bragi. L'apparition de Bragi dans la *LokÆsirna* suggère que même si les deux étaient identiques à l'origine, ils sont devenus distincts l'un de l'autre, même pour cet auteur, ou que la chronologie a été très mélangée et que Bragi Boddason a également été relégué au temps mythologique. La chronologie légendaire est assez souvent confondue. Au 19e siècle, la question de savoir si Bragi est apparu pour la première fois comme un dieu ou comme une édition déifiée du poète Bragi Boddason a été largement débattue. Les érudits allemands Eugen Mogk et Sophus Bugge, en particulier, y ont participé. Le débat est resté indécis.

Brynhild

Une femme guerrière, l'une des Valkyries, et fille d'Odin.

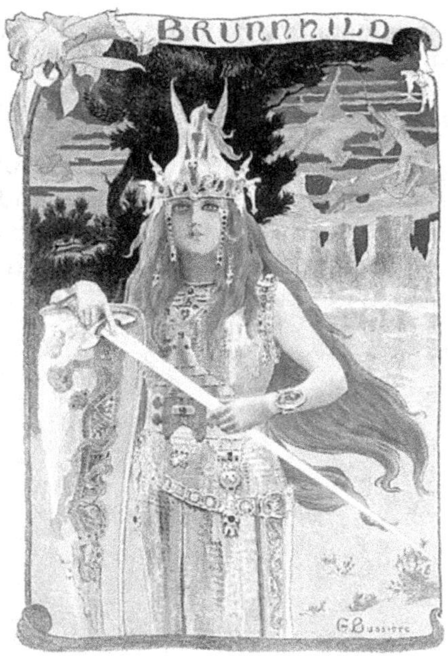

Brünnhilde (également appelée Brynhildr, Brunhild ou Brynhild) est une jeune fille à bouclier et une Walkure dans la mythologie germanique. Brynja signifie cotte de mailles en islandais. Brünnhilde apparaît, entre autres, dans la saga Völsunga et dans certains poèmes de l'Edda. Elle apparaît également dans la *chanson Nibelungen* et dans l'opéra *Der Ring des Nibelungen* de Richard Wagner.

Dans le Sigrdrífumál, " le chant de Sigrdrifa ", Sigurd et Sigrdrifa, Brünnhilde sous la forme " surnaturelle " de walkure, se rencontrent pour la première fois. Sigurd la libère de son sommeil. Odin avait poignardé Sigrdrifa avec l'épine du sommeil parce qu'elle avait abattu Gunnar avec le Helm, l'adversaire d'Agnar, alors qu'Odin lui avait accordé la victoire. Sigurd la libère de la cotte de mailles, qui semble avoir fusionné avec sa chair, après quoi elle se réveille. Ils se jurent fidélité et se promettent de s'épouser. Sigurd lui offre l'anneau du nain Andvari, qui porte une malédiction à l'insu de Sigurd. Lors de cette première rencontre, leur fille Aslaug a dû être conçue. Plus tard, à la cour d'Heimir, ils se revoient.

Heimir a épousé Bekkhild, la sœur de Brünnhild, et est le père adoptif de Brünnhild. Budli est son père et Atli son frère. Ils appartiennent, selon le Skaldskaparmal, aux Budlingen, une dynastie dont le géniteur est Budli (un précédent). Budli est le fils de Halfdan l'Ancien.

Brísingamen

Le Brinsingamen, dans la mythologie nordique, était un collier fabriqué par des nains.

Freya, qui aimait la beauté, devait avoir ce collier à tout prix. Pour l'obtenir, elle a couché avec les quatre nains (hideux) qui ont fabriqué le collier. Le Brinsingamen était son bien le plus précieux.

Buri

Dieu des dieux

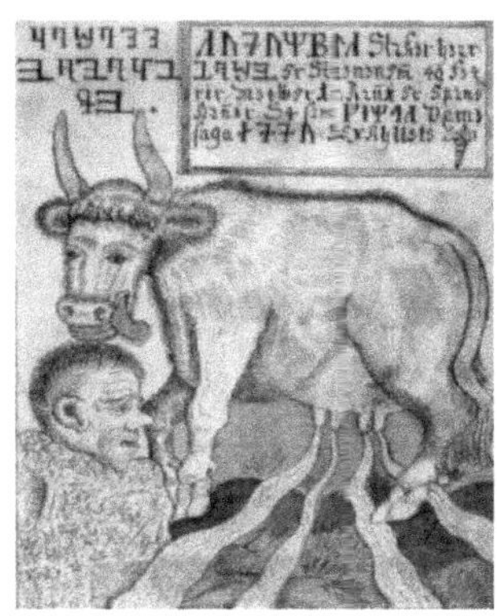

Dans la mythologie nordique, **Búri** est le deuxième géant primitif (après Ymir). Búri est léché de la masse de glace stagnante originelle par la vache primordiale Audhumbla. Búri est le père primordial à la fois de tous les géants et des dieux (Æsir et Wanen).

De lui descendent Borr (ou *Bor*) et Bestla dont sont issus les précurseurs des Æsir (Odin) et Wanen (Vili) ainsi que Ve.

Les lignes suivantes peuvent être lues dans le Gylfaginning de la Prose-Edda de Snorri Sturluson :

Búri n'est mentionné nulle part dans l'Edda poétique, et une seule fois dans le corpus skaldique. Dans *Skáldskaparmál,* Snorri Sturluson cite le vers suivant du skald du 12e siècle Þórvalcr blönduskáld.

Draugr

Le **draugen** (vieux norrois : *draugr*, islandais : *dragur*, féroïen : *dreygur*, norrois, suédois et danois : *draugen*) est une créature non-morte de la mythologie nordique qui hante les environs de sa tombe et protège généralement un trésor.Le mot vient du proto-indo-européen *droughos, "fantôme", de la racine *dreugh-, "tromper" ; comparer avec le néerlandais *gedrocht*.

Caractéristiques

Selon de vieilles légendes, il est si noir qu'il fait mal aux yeux. Les quatre yeux blancs n'ont pas de pupilles. Le draugen est omniscient.

Légende

Plusieurs personnes ont essayé d'apprivoiser les dragons, mais chacun a été retrouvé sans mémoire.

Draupnir

Draupnir est un anneau de bras en or appartenant à Odin, le plus haut
Ase de la mythologie nordique. Cet anneau était une source de richesse
inépuisable, car tous les neuf matins, il sécrétait huit nouveaux anneaux
d'or, tout comme lui-même.

Draupnir a été forgé par les frères nains Brokkr et Eitri (ou Sindri). Son
nom signifie *"goutte à goutte"*. Cet anneau a été fabriqué par les nains
comme l'un des trois cadeaux spéciaux pour les dieux, qui comprenaient
également Mjollnir le marteau de Thor et Gullinbursti l'éternel doré de
Freyr.

La raison de leur fabrication était un pari lancé par Loki pour les mettre au
défi de le faire. Lorsque Loki a ensuite perdu le pari, parce que les nains
avaient réussi à fabriquer les œuvres d'art, ce dernier n'a pas pu tenir sa
promesse aux Fils d'Ivaldi (il avait parié sa tête) et a été puni pour cela :
ses lèvres ont été jointes avec du fil de fer.

L'anneau a été placé sur le bûcher par Odin lors de l'incinération du
cadavre de son fils assassiné Baldr.

L'anneau a ensuite été retiré par Hermóðr. Il a été offert en cadeau à Gerd
par Skirnir, le serviteur de Freyr, lorsque le dieu de la fertilité lui a fait la
cour, comme le décrit le chant Eddal *Skírnismál*.

Draupnir est aussi le nom d'un nain nommé dans le *Völuspá*.

Eitr

Eitr est une substance fictive dans la mythologie nordique. Cette substance liquide est à l'origine de toutes les entités vivantes. Le premier géant Ymir a été créé à partir de l'eitr. Cette substance est considérée comme hautement toxique car elle est également produite par Jörmungandr (le serpent de Midgard) et d'autres serpents.

Étymologie et signification

Le mot **eitr** existe dans la plupart des langues nordiques (toutes dérivées du vieux norrois) en danois *edder*, en suédois *etter*, en allemand *Eiter* (lett. *etter*),en vieux saxon *ĕttar*, en vieil anglais *ăttor* et en néerlandais *ether*. Le sens du mot est très large : *volatile, vénéneux, maléfique, mauvais, furieux, sinistre,* etc.

Dans le folklore scandinave commun, il est utilisé comme synonyme de venin de serpent. La dernière ligne de la strophe dans Vafþrúðnismál où Vafþrúðnir dit, "c'est pourquoi nous devenons si facilement enragés," est un jeu de mots avec la signification du mot *eitr*, car il signifie aussi *colère/rage* (comme dans "*empoisonner une relation*").

Elivágar

Dans la mythologie nordique, il y avait à Niflheim une source, Hvergelmir ou le chaudron jaillissant. De cette source jaillissaient onze ruisseaux, qui portaient le nom collectif d'**Elivágar** (vagues de tempête), et qui s'appelaient individuellement Svöl, Gunurd (Gunnthra), F(j)orm, Fimbul(thul, Þul), Slíd, Hríd, Sylg, Ylg, Víd, Leiptr et Gjöll, Gjöll étant proche du point le plus bas, Niflhel (enfer sombre).

Lorsque les rivières empoisonnées s'écoulaient loin de leur source, elles se transformaient en glace et des couches successives de glace se formaient dans Ginnungagap. Au nord se trouvait la glace de Niflheim (monde des ténèbres) et au sud, le feu de Muspellsheim. Là où le gel et la chaleur se rencontraient, des gouttes se formaient et la vie commençait grâce à la puissance de la chaleur. C'est là qu'apparut la figure du géant primitif Ymir.

Fenrir

Fenrir (ou **Fenrisulfr** ou **Fenries**) est le fils (moyen) du Dieu de la tromperie Loki et de la géante du gel Angrboda. Il est le frère de Hel, la déesse des enfers, et de Midgardsorm, le serpent de Midgaard. Fenrir n'était ni un homme ni un dieu, mais ressemblait à un petit chien lorsqu'il était jeune et qu'Odin l'emmena à l'Asgaard où vivaient les æsen, les disciples d'Odin. Toutes les prophéties disaient que Fenrir deviendrait un problème pour les æsen.

Il s'est transformé en un loup géant aux mâchoires terribles et avait la réputation d'être maléfique. De plus, non seulement il était fort, mais il avait aussi hérité de la ruse de Loki. Finalement, il a osé menacer même les æsen.

À un moment donné, il était devenu si ingérable que les dieux entre eux ont conçu un plan pour le lier. Une première tentative fut faite avec la chaîne *Lœðing*, mais elle se brisa. Puis on alla chercher une chaîne deux fois plus solide, la chaîne *Drómi*, mais elle aussi était trop faible.

Finalement, Odin a envoyé le messager de Freyr, Skírnir, chez les svartalvene (elfes noirs, également appelés elfes de la nuit) pour faire fabriquer un collier spécial. Celui-ci devait être si solide que même Fenrir ne pourrait le briser. Il devint un collier très fin, le Gleipnir, qui était aussi fin et doux qu'une corde faite de soie. Gleipnir était fabriqué à partir de six ingrédients que personne ne peut trouver aujourd'hui : le souffle d'un poisson, la barbe d'une femme, la salive d'un oiseau, les racines de la montagne, le bruit des pattes d'un chat et les tendons d'un ours.

Les æsen ont piégé Fenrir sur la petite île de Lyngvi dans le lac Ámsvartnir (noir complet). Ils ont fait un pari avec lui : Fenrir prétendait être si fort qu'ils voulaient en avoir la preuve. Ils l'attacheraient et Fenrir devrait briser ses chaînes. S'il échouait, il était si faible qu'ils n'avaient pas à le craindre - et le relâcheraient.

Fenrir, cependant, avait peu de foi en l'æsen. Il a exigé que quelqu'un mette sa main dans sa gueule, comme "garantie". Seul Týr, le dieu de la guerre, a osé le faire. Týr plaça sa main droite dans la gueule de Fenrir, et comme le loup ne parvenait pas à briser ses chaînes, il mordit la main de Týr qui tentait de se libérer. Ainsi, Týr perdit sa main droite.

L'extrémité libre de Gleipnir, Gelgia, a été poussée à travers un énorme rocher, Gjoll, qui a été enfoncé profondément dans la terre. Avec l'énorme rocher Thviti, Gjoll a été enfoncé encore plus profondément dans la terre.

Fenrir a haleté devant l'æsen ; on lui a mis une épée dans la gueule avec la pointe relevée pour qu'il ne puisse pas mordre. Sa bave a créé la rivière Ván (espoir).

Ce n'est qu'à la fin du monde, lors du Ragnarok, que Fenrir se libérera et sera tué par le fils d'Odin, nommé Vidar, qui vengera son père.

Fimbulwinter

Dans la mythologie nordique, **Fimbulvetr** (*hiver traînant*), également *Fimbulwinter*, est l'hiver qui précède la grande guerre, le Ragnarok, (le crépuscule des dieux dans la mythologie germanique).

Caractéristiques du Fimbulvetr

Dans le Chant de Vafþrúðnir de l'Edda poétique, le terme est considéré comme synonyme de la chute du monde.En cet hiver, tous les serments des hommes seraient brisés, tous les liens familiaux seraient dénués de sens, les filles haïraient leurs mères, les honorables seraient des fous et les honnêtes seraient transformés en menteurs. Il y a alors d'innombrables guerres et les frères tuent les frères.

Le Fimbulwinter dure trois ans, puis Heimdal souffle dans le cor de Gjallar alors que les Géants (Thursen et Jötun) percent le rempart protecteur, que les morts s'éloignent de Nástrond avec Naglfar, et que les disciples de Surt entrent dans le pont arc-en-ciel Bifrost. Pour tous, le son de cette corne arrête le souffle ; chacun sait maintenant que la bataille finale a commencé.

Le Fimbulwinter dure trois hivers consécutifs où la neige arrive de tous les côtés, sans être interrompu par un été.

Orthographe originale

En vieux norrois, l'orthographe originale du mot est **Fimbulvintr** (Danemark et Suède) ou **Fimbulvetr** (Islande et Norvège). Le sens de *fimbul* est *grand*, *grandiose*, et l'interprétation correcte du mot est donc "le grand hiver".

Signification

En Suède et en Norvège, ainsi que dans d'autres pays nordiques, le terme **"fimbulwinter"** est également utilisé à l'occasion pour désigner un hiver extrêmement froid et des quantités de neige exceptionnellement importantes.

Selon certaines spéculations populaires, ce concept mythologique serait lié au changement climatique qui s'est produit dans les pays nordiques à la fin de l'âge du bronze nordique, vers 650 avant notre ère. Avant ce changement climatique, les terres nordiques étaient sensiblement plus chaudes.

Mais il s'agit d'un concept mythologique qui a pu être représenté sous cette forme "locale", mais qui renvoie à un événement cosmique beaucoup plus vaste, comparable au concept indien de Kali Yuga ou à ce que l'on appelle aujourd'hui dans notre cosmologie la fissure finale.

Folkvangr

Un domaine régi par la déesse Freyja.

Dans la mythologie nordique, **Folkvangr** (*place du peuple en* vieux norrois) était la demeure de Freya à Asgaard. Selon les sources, il s'agissait d'une terre idyllique où se trouvait également Sessrumnir. L'extrapolation de ces sources (notamment Gylfaginning) implique que des chansons d'amour y étaient continuellement jouées. Mais Freya était aussi celle qui recevait la moitié du nombre de ceux qui tombaient au combat. Par conséquent, il y a aussi une connotation martiale à son séjour.

Forseti

Dieu de la justice

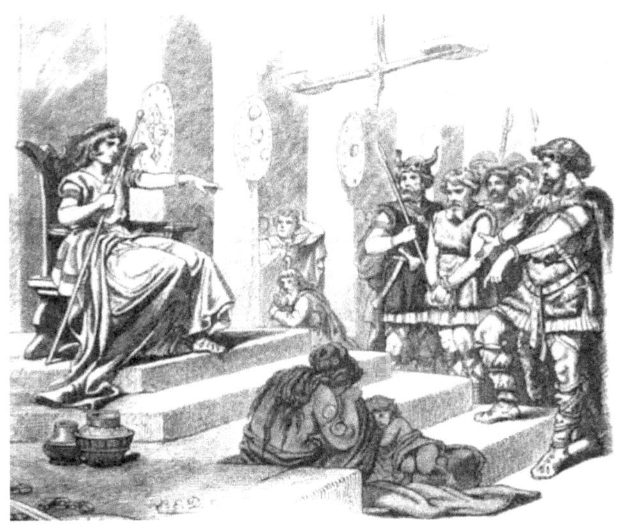

Dans la mythologie, **Forseti** est un dieu nordique dédié à la justice. On suppose que le culte nordique du dieu qu'en vieux norrois **Forseti**.

Sous le nom de *Forseti,* le dieu joue un rôle dans la mythologie nordique comme l'un des douze dieux Æsir, notamment comme dieu de la loi, de la paix et de la vérité. Il y est le fils de Baldur et de Nanna. Dans le dieu du ciel Asgaard, il possède un palais ou une salle Glitnir, qui signifie "brillant" et fait référence au toit d'argent et aux piliers d'or qui pouvaient être vus de très loin. En vieux norrois, le nom signifiait "président", et le mot a le sens de président en islandais et féroïen modernes.

Forseti était considéré comme le dieu le plus sage et le plus éloquent d'Asgaard. Contrairement à son dieu parent Týr, qui rendait la justice pour les crimes les plus graves, Forseti négociait et tranchait les petits litiges. Dans sa salle, il rendait justice à tous ceux qui le lui demandaient, et l'on prétendait que son jugement était toujours considéré comme équitable par toutes les parties. Comme son père Baldur, c'était un dieu doux qui prônait la paix, de sorte que tous ceux qui suivaient son jugement pouvaient vivre en sécurité. Forseti était tenu en si haute estime que seuls les serments les plus solennels étaient prononcés en son nom.

Il n'est pas mentionné comme un guerrier dans Ragnarok et on suppose qu'il ne participait pas aux affaires martiales en tant que dieu de la paix. Le fait que la version du Ragnarok qui a survécu appartient à la mythologie nordique a peut-être joué un rôle.

Frey

Dieu de l'agriculture, de la prospérité, de la vie et de la fertilité.

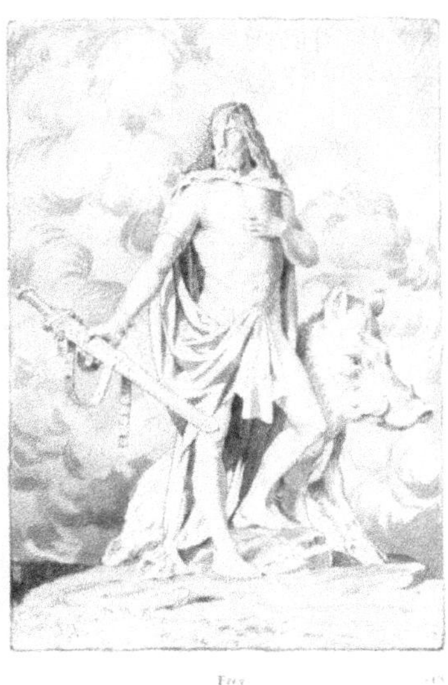

Freyr, également appelé *Frey*, *Frø*, *Fricco Froði* (*Froðr* en vieux norrois signifie *fertile*, *sage*) et *Yngvi-Freyr*, est le dieu phallique nordique de la sexualité masculine. Il est le frère jumeau de la déesse *Freya*, une forme ultérieure de la grande déesse *Frigg*.

Son nom signifie *seigneur*, tout comme le nom de Freya signifie *dame*, en rapport avec le nom de la déesse indienne *Priya*, dont le nom signifie également dame. Un nom de la déesse hindoue de l'amour Lakshmi est "Haripriya" (aimée de Hari).

Origine étymologique

Freyr signifie *Seigneur* (en vieux haut allemand *fro*) et n'est donc pas réellement un nom, mais un titre. Il s'agissait peut-être d'un nom tabou pour un dieu dont le nom réel ne nous est pas connu.

Il apparaît pour la première fois au chapitre 10 de l'Ynglingasage, sous le nom d'Yngvi dont descendrait la maison royale suédoise (les Ynglinge), et au chapitre 11 comme le père de Fjölnir sous le nom d'Yngvi-Freyr. Étymologiquement, la désignation de la tribu germanique *Ingaevonen* est apparentée. La contraction remonterait alors au vieux germanique *Ingwia-fraujaz* (= seigneur des Ingaevons).

La ville de Forrières dans les Ardennes belges doit son nom à cette divinité, tout comme la forêt un peu plus à l'est qui s'appelle encore *Forêt de Freyr*. À Dinant, un rocher d'escalade porte son nom Freÿr, avec un tréma soulignant la prononciation.

Généalogie

Freyr désigne une divinité appartenant aux Délires. Son père est Njord, que Freyr a engendré dans une relation incestueuse avec sa sœur Freya. Plus tard, avec la géante Gerdr, Freyr eut un fils, Fjölnir, qui, selon la saga, devint le roi victorieux de Suède.

En guise de cadeau dentaire, Freyr a reçu Alfheim, le monde des esprits de la nature fertile, les Alven.

Il a Skírnir, Byggvir et Beyla en service permanent.

Edda

Freyr s'était assis sur le trône d'Odin, Hlidskjalf, d'où l'on a une vue sur les neuf mondes. Son regard s'est alors porté sur une fille géante d'une merveilleuse beauté, Gerdr, à Jötunheim. Il a envoyé Skirnir à la géante.

Pour l'obtenir, selon le Skírnismál, il a dû mettre son épée en gage à son père. Il perdit ainsi l'épée miraculeuse qui était capable de frapper par elle-même pour toujours. Il utilisa donc une épée de substitution en corne de cerf avec laquelle il put abattre plus d'un géant, mais qui ne put lui servir à repousser le géant du feu Surt à la fin des temps.

Attributs

Ses attributs les plus connus sont :

- Le navire Skíðblaðnir, que les nains avaient fabriqué pour lui. Le navire avait toujours un vent favorable dans ses voiles et pouvait accueillir tous les dieux, en pleine armure. Pourtant, le navire était si bien fait qu'il pouvait tenir replié dans un sac.

- Le sanglier d'or Gullinbursti ("poils d'or"). Le sanglier pouvait courir dans les airs et traverser la mer plus vite qu'un cheval, et il pouvait illuminer même la nuit la plus noire.
- Son épée à manier soi-même, qu'il avait donnée à son serviteur Skirnir lorsque celui-ci était allé rendre visite à la géante Gerðr pour qu'il l'apparie à Freyr.

Dans le monde nordique, Freyr est souvent représenté comme un homme barbu aux attributs virils nettement disproportionnés. Selon certains auteurs, il s'agirait donc d'une divinité *phallique*, ce qui a été confirmé par les découvertes archéologiques. Il était souvent représenté simplement comme un phallus bénisseur et protecteur, comme c'est le cas pour le dieu indien Shiva sous la forme du lingam.

Fonction

La paix et la fertilité semblent avoir été étroitement liées dans la religion nordique. Les offrandes avec lesquelles on espérait invoquer la fertilité et la paix étaient souvent faites en même temps, et l'on considérait que l'un des devoirs particuliers des dieux de la fertilité était de maintenir la paix entre les peuples. Dans les temples de Freyr, le port d'armes était donc interdit et, dans ses lieux saints, l'effusion de sang était proscrite. Selon Adam de Brême, il y avait des célébrations tous les neuf ans au cours desquelles des sacrifices humains et animaux avaient lieu.

Freyr occupait une position si importante parmi les dieux que sa statue dans le grand temple d'Uppsala côtoyait celles d'Odin et de Thor.

Cult

En raison de sa position de dieu de la fertilité, il était particulièrement vénéré par les paysans, qui constituaient le groupe de population le plus important.

Selon Snorri Sturluson, Freyr et sa sœur Freya étaient tous deux d'une beauté éblouissante et d'une puissance inimaginable. Le culte de Freyr ressemblait beaucoup à celui de sa sœur Freya, qui régnait sur la luxure et dont on sait beaucoup de choses. Nous savons que Freyr était largement vénéré, mais hormis quelques vagues impressions de rituels, les connaissances sur son culte sont perdues.

Freyr était associé aux chevaux, qui, à en juger par les légendes, lui étaient également sacrifiés. Les chevaux étaient des animaux de sacrifice populaires à l'époque des migrations, et leur rôle dans le culte de Freyr remonte probablement à cette époque. L'importance du culte du cheval est attestée par les os et les peaux retrouvés dans les sites de culte suédois. De telles découvertes ont également été faites dans des tombes vikings, notamment dans des vases funéraires.

Rites sexuels

Aujourd'hui, les chercheurs supposent généralement que la fertilité faisait partie intégrante de la société viking, et la découverte la plus célèbre pour démontrer les rites qui y sont associés est une figurine trouvée à Rällinge, en Suède, au début du XXe siècle.Son apparence indique qu'elle avait un rapport avec les rites de fertilité et elle est généralement interprétée comme le côté masculin de Freya, son frère jumeau Freyr.Par ailleurs, Adam van Bremen parle du symbole du phallus, la figurine de Freyr, qui se trouvait dans le temple d'Uppsala et des chants rances qui étaient chantés pendant les rituels. Dans le *Völsa þáttr, il* y a un récit du culte d'un phallus de cheval par une famille païenne, et ce récit est lié à un ancien rituel sacrificiel indo-aryen.

Dans la description par Ibn Fadlan de l'enterrement d'un chef scandinave sur la Volga, la jeune esclave qui devait être sacrifiée devait subir plusieurs rituels sexuels.

Freya

Freya, également orthographiée Freyia, Freyja, ou Frea.

Déesse de la fertilité, de l'amour, de la beauté, de la magie, de la guerre et de la mort.

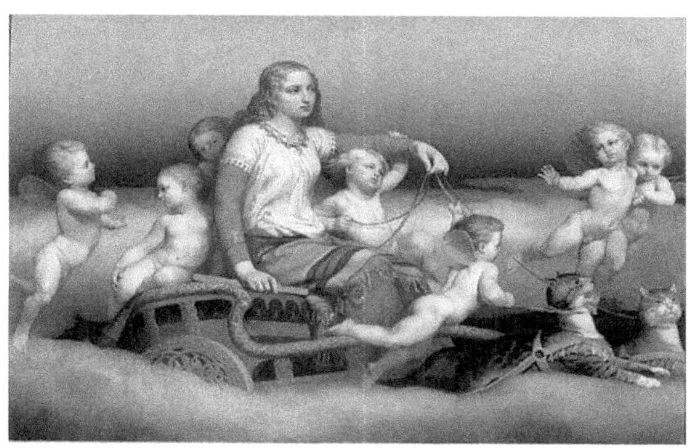

Freya, également appelée **Frea** ou **Freyja**, est la déesse nordique de la fertilité, de l'amour et de la luxure.

Freya était belle et puissante (une telle femme est appelée *frova*). En même temps, elle était aussi une combattante. De temps en temps, elle participait à une bataille ou une autre. Quand il s'agissait de se battre, elle se jetait dans la bataille avec autant de feu qu'un Walkure. C'est aussi la raison pour laquelle Freya est parfois considérée comme la meneuse des Walkures, mais c'est Odin qui est au service de ces derniers.

Freya, selon le peuple germanique, était la plus belle de tous les dieux et déesses.

Attributs

Freya possédait de nombreux attributs pour une déesse nordique. Le plus célèbre d'entre eux est le collier Brisingamen. Une histoire a été transmise dans le Flateyjarbók sur la façon dont elle a acquis ce bijou : les fabricants de ce collier étaient quatre nains. Ces nains ont exigé qu'elle passe une nuit avec chacun d'eux en échange du bijou, ce qu'elle a accepté. Le Flateyjarbók a été écrit au XIVe siècle par deux prêtres chrétiens. Il y a donc lieu de douter qu'il s'agisse d'une représentation fidèle des histoires racontées à l'époque d'avant le christianisme.

Il existe également une interprétation moderne de cette histoire : celle-ci veut que chacun des nains symbolise l'un des quatre éléments. En s'unissant à l'essence de chacun de ces éléments, Freya a acquis la sagesse et la force symbolisées par Brisingamen.

Un autre attribut très célèbre de Freya sont ses chats des forêts, qui tirent son char. Ces animaux sont presque toujours représentés avec Freya. Ces chats des forêts, qui étaient considérés comme ses animaux de compagnie, symbolisaient la magie dont Freya était aussi la déesse. L'un des chats des forêts est noir et l'autre blanc. Plus tard, à l'époque des chrétiens, Freya a été subjuguée et ses chats des forêts ont été considérés comme des forces maléfiques. C'est pourquoi les chrétiens n'ont conservé que le chat noir, le chat blanc ayant été omis. C'est aussi pourquoi un chat noir est considéré comme magique.

Freya possédait également un autre attribut qui symbolisait également sa magie, à savoir une cape faite de plumes d'aigle ou de faucon. Grâce à elle, elle pouvait se transformer en oiseau à tout moment. Dans le Þrýmskviða, elle prête ce vêtement à Loki, lui permettant, vêtu comme le serviteur de Freya, d'accompagner Thor chez le géant Thymr.

Pour les Vikings, les Pléiades étaient les poulets de Freya (dans d'autres cultures d'Europe du Nord, comme le vieil anglais et le vieil allemand, ce groupe d'étoiles est également représenté comme un poulet avec des poussins).

Liens de parenté

Freya est à l'origine une des Wans. C'est la famille des dieux les plus terrestres, à côté des Æsir, qui sont des dieux atmosphériques. Elle est parfois identifiée à la femme d'Odin, Frigg (également appelée Frigga, Frija ou Fricka), la déesse nordique de la fertilité, qui a plus ou moins les mêmes responsabilités. Pourtant, Freya vit à Asgard, la terre des dieux nordiques de la nature et de la fertilité.

Freya est la fille du dieu de la navigation Njord. Le dieu Freyr (ou Frey) est son frère jumeau. Bien qu'il soit également spéculé que Freyr soit simplement la forme masculine de Freya. Dans la mythologie germanique/nordique, on trouve plus souvent des formes ou des sexes

44

différents pour une même divinité. Pensez par exemple à Odin ou Loki qui se manifestent sous de nombreuses formes et sexes différents.

Freya est mariée à Odr, et avec lui elle a deux filles, Hnossa ("bijou") et Germesie.

Mythes

Des mythes existent également à propos de cette déesse. Par exemple, Freya a joué un rôle important dans le mythe bien connu du marteau Mjölnir, qui a été volé par le géant Þrymr et a demandé la main de Freya comme rançon. Freya, cependant, n'en voulait pas et Thor a donc dû récupérer le Mjölnir lui-même. Thor, déguisé en Freya, partit avec Loki à la rencontre du géant.

Le géant s'en est bien sûr rendu compte, mais Thor a tout de même pu récupérer son marteau et tuer le géant.

Aegir doit alors brasser l'hydromel et Loki se comporte mal lors du festin, se disputant avec les nombreux dieux et déesses présents. Il se moque même de Wodan, comme un clochard qui joue avec les fantômes, comme le font les sorcières et les magiciens. Loki insulte Frigg et Freya, mais il est en admiration devant Thor. Loki part en saumon, mais dit quand même à Aegir que ses biens vont partir en flammes. Les Æsir parviennent ensuite à capturer Loki et à l'attacher.

Il existe également un mythe sur le géant qui a construit les fondations d'Asgard. Il aurait exigé comme salaire le soleil, la lune et la main de Freya. À l'époque, ce trio était considéré comme unissant les forces de la lumière, de l'amour et de la croissance. Mais à cause de la ruse de Loki, ce géant n'a pas réussi à terminer son mur autour d'Asgard à temps et, avec cela, il n'a pas obtenu sa récompense. Loki a fait cela en se transformant en jument (c'est-à-dire qu'il pouvait changer de forme et de sexe) pour distraire le cheval qui transportait les affaires du géant. Selon les mythes, c'est de la relation entre la jument (Loki) et le cheval qu'est né le cheval à huit pattes d'Odin : Sleipnir.

De plus, il existe un autre mythe qui explique les saisons. En effet, Freya était mariée à Odr (Odhur) qui aimait beaucoup voyager. Un jour, il a quitté sa femme et ses deux enfants pour partir en voyage. Freya part alors à la recherche d'Odr et bientôt l'automne arrive, puis l'hiver. Freya finit par retrouver Odr sous un laurier et ensemble ils retournent à Asgard. Et pendant le voyage de retour, le printemps revient bientôt.

Freya, déesse du combat

En tant que déesse du combat, Freya chevauche Hildisvín, le guerrier.
Dans *Hyndluljóð,* on raconte qu'elle a transformé *Ottar* en ever pour le
cacher. L'ever a une relation particulière avec la mythologie de l'Europe du
Nord, tant en ce qui concerne sa fertilité que sa combativité. L'ever était
utilisé comme talisman protecteur à la guerre, probablement parce que les
vrais evers peuvent attaquer de manière particulièrement féroce (surtout
les femelles qui défendent leurs petits). Des casques du VIIe siècle
découverts en Suède présentent des guerriers portant de grands evers
comme marque de casque. Dans Beowulf également, on dit que l'evers
sur le casque sert à protéger la vie du guerrier qui le porte.

Certains de ceux qui sont choisis au combat sont appelés par Freya dans
son château de Folkvangr, où ils mènent une belle vie dans l'au-delà. (De
son côté, Odin choisit également ses propres guerriers pour son Valhalla,
selon le *Grímnismál.*

L'association de Freya avec la mort est évoquée dans la saga d'Egil,
lorsque sa fille Thorgerda (Þorgerðr) menace de se suicider après la mort
de son frère : "Je ne mangerai pas tant que je ne serai pas assise avec
Freya."

Homologues

Freya est considérée comme le pendant nord-européen de Vénus et
d'Aphrodite, bien qu'elle possède une combinaison d'attributs qui n'est
présente dans aucune mythologie des autres peuples indo-européens.
Elle est plus proche à cet égard de l'Ishtar mésopotamienne, dans la
mesure où elle est également impliquée dans l'amour et la bataille.
Certains pensent qu'elle est le successeur mythologique le plus direct du
dieu de la fertilité hermaphrodite Nerthus.

Le vendredi est nommé d'après cette déesse, bien qu'il y ait également
une forte affinité de nom avec Frigg.

Frigg

Également orthographié Frigga.

Déesse de l'amour, du mariage, de la fertilité, de la famille, de la civilisation et prophétesse.

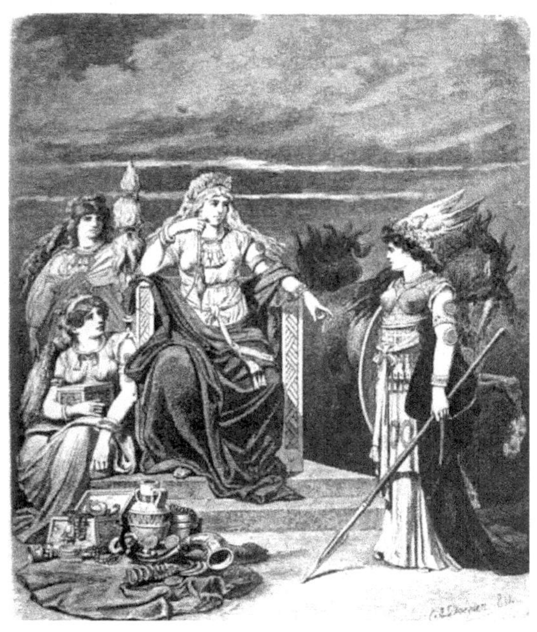

Dans la mythologie nordique, **Frigg** (Edda's) ou **Frigga** (*Gesta Danorum*) était appelée la " Première parmi les déesses ", l'épouse d'Odin, la reine des Æsir et la déesse du firmament.

Caractéristiques

En tant qu'Ásynjur, elle est la déesse ou la protectrice du mariage, de la maternité, de la fertilité, de l'amour et de la sexualité, de la tenue du foyer et des arts domestiques. Tous ces éléments réunis constituent les caractéristiques d'une déesse mère.

Sa fonction principale, telle qu'elle est exprimée dans les récits mythologiques nordiques, est celle d'épouse et de mère, mais elle a plus encore. Elle a le pouvoir de prophétie, bien qu'elle ne dise pas elle-même ce qu'elle sait, et elle est la seule autorisée à s'asseoir à côté d'Odin sur le haut trône Hlidskjalf d'où l'on a une vue complète de l'univers. Avec son mari, elle participe à la Chasse sauvage (Asgardreid).

Frigg décourage Odin d'aller à Vafthrudnir, voir Vafþrúðnismál.

Les enfants de Frigg sont Baldr, Hodr (et dans une source anglaise également Wecta). Ses beaux-enfants sont Hermóðr, Heimdall, Týr, Vidar, Váli et Skjoldr. Thor est soit un de ses frères, soit un de ses beaux-fils. Sa fidèle compagne est Eir, médecin des Æsir et déesse de la guérison.

Les compagnes de Frigg sont Hlín (déesse protectrice), Gná (déesse messagère) et Fulla (déesse de la fertilité). Il n'est pas toujours clair si ces compagnons ne sont pas en fait des aspects d'elle-même (cf. avatara).

Selon le poème LokÆsirna, Frigg est la fille de Fjorgyn (version masculine de " Terre ", cf. version féminine de Terre : la mère de Thor). Sa mère n'est pas connue dans les récits qui ont survécu.

Étymologie

Le nom Frigg signifie "amour" ou "bien-aimé". Le mot vient du proto-germanique *frijjō, cf. sanskrit priyā "femme chère"). Elle était connue dans de nombreuses cultures de la moitié nord de l'Europe, parfois sous de légères variations de nom : par exemple, **Frea** dans le sud de l'Allemagne, **Frija** ou **Friia** en vieux haut allemand, **Friggja** en Suède, **Frīg** (génitif Frīge) en vieil anglais, et **Frika** dans les opéras de Wagner. Les traductions modernes changent souvent Frigg en *Frigga*. La femme creuse (qui fait de la neige en renversant son oreiller) et Perchta (qui contrôle le filage) sont également considérées comme des reliques du concept de Frigg.

En féroïen (la langue des îles Féroé), *friggja* signifie "courtiser" (comme lorsque vous voulez demander à quelqu'un de vous épouser). Cela indique à nouveau le lien avec le mariage et les plaisirs conjugaux. Notre mot "faire l'amour" provient de la même parenté de langue et de sens.

Attributs et résidence

En Scandinavie, la constellation "Orion" est connue comme "le rouet ou la jupe tournante de Frigg" (*Friggerock*). Certains font remarquer que cette constellation se trouve sur l'équateur céleste et qu'elle tourne donc dans le ciel nocturne. Cela pourrait avoir déclenché l'association avec le rouet de la déesse du ciel. On dit qu'elle a tissé ou filé les brumes et les nuages, voir aussi la nébuleuse d'Orion.

L'espace de la salle où Frigg réside à Asgaard est Fensalir. Cela signifie "Halls marécageux". Cela peut indiquer que la terre marécageuse ou boueuse (terre du début) lui était spécialement dédiée. Mais on ne sait rien de précis à ce sujet. Comparez la femme des marais et les loups blancs.

La déesse Sága, décrite comme buvant avec Odin dans des coupes d'or dans sa salle "Sunken Banks", pourrait être Frigg sous un autre nom.

Symboles associés à Frigg :

- Clés
- Jupes araignées
- Bobine
- Gui

Le lien entre Frigg et Freya

Frigg est la déesse suprême des Æsir, alors que Freya est la déesse suprême des Vanir. Il y a eu pas mal d'arguments pour et contre l'idée que Frigg et Freya seraient en fait la même déesse, des avatars l'une de l'autre. Certains s'appuient sur des analyses linguistiques, d'autres sur le fait que Freya n'était pas connue dans le sud, mais plutôt dans l'extrême nord. De plus, dans certains endroits, elles étaient considérées comme la même déesse, dans d'autres comme différentes.Il existe, bien sûr, des similitudes évidentes entre les deux :

- Ils avaient tous deux une cape en plumes d'aigle et pouvaient changer de forme.
- Frigg était mariée à Odin
- Freya était mariée à Óðr
- Ils avaient chacun un collier spécial
- Les deux avaient une personnification de la Terre en tant que parent.
- Les deux ont été invoqués à la naissance (y compris le travail et l'accouchement)

Mais dans certains textes, ils apparaissent parfois tous les deux en même temps.

Loki se comporte de manière inconvenante lors de la fête d'Aegir et se dispute avec les nombreux dieux et déesses présents. Il se moque même de Wodan, comme un clochard jouant avec les fantômes, comme le font les sorcières et les magiciens. Loki insulte Frigg et Freya, mais il est en admiration devant Thor. Loki part en saumon, mais dit quand même à Aegir que ses biens vont partir en flammes. Les Æsir parviennent ensuite à capturer Loki et à l'attacher.

Une autre approche est celle d'une triade originelle de ces deux déesses avec encore Hnoss ou Iðunn. Cette triade est alors associée à différentes périodes de la vie des femmes. Mais les sphères d'influence de Frigg et Freya ne correspondent pas tout à fait aux sphères d'influence souvent rencontrées dans d'autres triades de déesses. Cela pourrait signifier que les preuves ne sont pas si concluantes, mais aussi que quelque chose d'important nous échappe à propos de la culture du nord de l'Europe par rapport à celle du sud et des Celtes (voir aussi Frige à ce sujet).

Enfin, il existe une autre ligne d'argumentation selon laquelle Frigg et Freya auraient été des déesses similaires issues de panthéons différents, d'abord fusionnées en une seule divinité, mais où ces deux déesses ont ensuite été à nouveau séparées. (Voir aussi Frige). Une telle vision est cohérente avec l'approche théologique de certaines divinités grecques, romaines et égyptiennes de l'Antiquité classique tardive.

Fyrisvellir

Fyrisvellir était la plaine marécageuse (Velli⁻) au sud de Gamla Uppsala où les voyageurs devaient quitter les bateaux pour continuer à pied jusqu'au temple d'Uppsala et à la salle du roi de Suède.

Le nom vient du vieux norrois Fyrva, qui signifie "s'écouler", et fait référence aux plaines marécageuses partiellement inondées qui ont aujourd'hui été drainées et où se trouve la ville d'Uppsala. Au Moyen Âge, il y avait un domaine royal appelé Førisæng ou "Fyrisweide" près de cette zone. Les petits lacs Övre Föret et Nedre Föret sont des vestiges de ce marécage et ont conservé une forme moderne du mot Fyri.

Selon la mythologie nordique, la bataille entre Haki et Hugleik, et plus tard celle entre Haki et Jorund, a eu lieu dans cette plaine. C'est aussi le lieu de la bataille de Fyrisvellir entre Erik le Conquérant et son cousin Styrbjörn le Fort en l'an 980.

Une saga sur Hrólf Kraki raconte qu'il a jeté de l'or sur cette plaine alors qu'il fuyait avec sa suite le roi suédois Aðils. La suite du roi a abandonné la poursuite pour récupérer l'or. Dans la poésie skaldic, l'or était souvent désigné par le kenning "la graine de Fyrisvelli⁻".

Garmr

Dans la mythologie nordique, **Garmr** ou Janker était un chien énorme qui gardait la porte de Niflheim ou du royaume de la nébuleuse dans le Rotshol ou Gnipahellir. Celui-ci était normalement taché de sang. Après Fenrir, Garmr était le plus grand des chiens, et pendant le Ragnarok, Garmr et le dieu de la guerre Týr s'entretuaient.

Dans la chanson *Völuspá,* le vers *Geyr Garmr mjök / fyr Gnipahelli* (Écorce féroce Janker maintenant / pour Rotshol) est répété trois fois. La première fois fait référence au début de Fimbulvetr. La deuxième entrée indique la percée des géants dans le monde des dieux et la troisième fois fait référence au début du nouveau monde sur la plaine Vigrid.

Gerd

Déesse de la fertilité, associée à la terre.

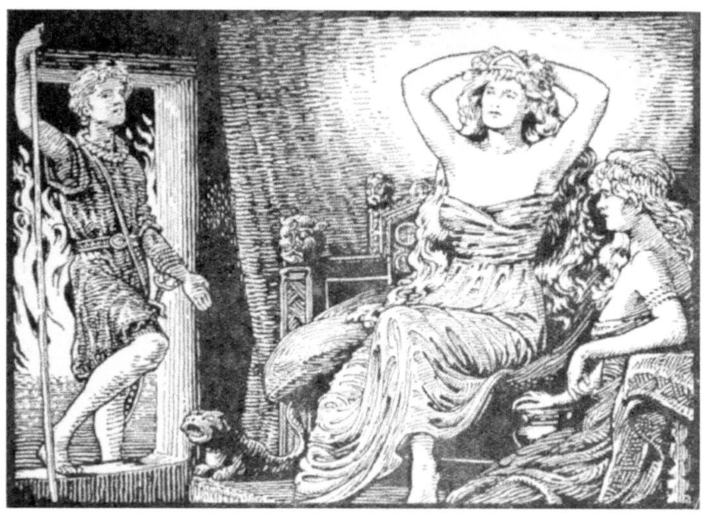

Gerd, **Gärd**, **Gerdhr**, **Gerda**, **Gerdur** ou *Gerdr* (vieux norrois *Gerðr*) dans la mythologie nordique est la fille du géant Gymir et de la géante Aurboda. Son frère s'appelle Beli. Ils vivaient à Jötunheimr, le monde des géants inaccessible aux humains.

La plus belle de toutes les créatures, elle était peut-être considérée comme la personnification de la fertilité et du sexe. Ses bras nus et brillants illuminaient le ciel et la mer.

Un jour, elle devint l'objet de l'amour du dieu de la fertilité Freyr, qui en était épris et qui, de ce fait, fonctionnait à peine. Le chant Eddal Skírnismál raconte ce qui s'est passé alors.

N'ayant jamais eu l'intention d'épouser Freyr, elle refusa ses propositions qui lui parvinrent par l'intermédiaire de Skirnir, même après que ce dernier lui eut apporté onze pommes d'or (nourriture immortelle des Æsir) et l'anneau Draupnir. Ce n'est que lorsque Skirnir menaça d'utiliser l'épée de Freyr pour faire disparaître le monde sous une épaisse couche de glace qu'elle accepta d'épouser Freyr.

Étymologie et symbolisme

53

Son nom vient probablement de *gerða* qui signifie *clôturer*, apparenté à *garðr, gaard* (*espace clos* tel qu'un jardin) (anglais *yard* et via le danois *garth*).

L'union de Gerdr avec Freyr ressemble à celle de la géante Skaði avec le dieu de la fertilité Njördr. Dans les deux cas, cela pourrait indiquer une manière de réconcilier les forces de la mort et des ténèbres avec celles de la capacité de régénération de la nature.

Gerd peut donc être considéré comme une divinité du sol fertile, similaire à Nerthus, mais il y a aussi des éléments indiquant des propriétés walkure. Le fait que sa demeure soit délimitée par des flammes montre que le nom de la mère Aurboda pourrait aussi être lu comme "Örboða" (*charbons qui donnent du froid*), un nom typique de Walkure.

Ginnungagap

Le **Ginnungagap** (*l'abîme de ginn* ; vieux norrois *ginn, magique, magique,* il correspond au sanskrit *tat* qui signifie *que*) est le gouffre du vide apparent, l'espace sans matière, le néant ou le vide de la mythologie nordique. Le gouffre est également appelé par la suite **Himthusen** mais apparaît comme l'abîme béant originel dans le récit de la création de l'Edda.

Le Ginnungagap était le lieu de rencontre entre les brumes et le feu au début des temps, avant que le cosmos ne se forme dans ce vide. Parce que Niflheim (un monde de brume) et Muspelheim (un monde de feu) se sont rencontrés dans le Ginnungagap au début des temps, Ymir a été créé et a été utilisé comme matériau pour d'autres créations. Comparez : Le Chaos.

La Prose Edda raconte encore

"Lorsque les fleuves appelés Elivágar eurent coulé si loin de leur source que les parties froides et glacées qu'ils contenaient commencèrent à durcir, comme le fer fondu qui s'éloigne du feu, ils devinrent de la glace. Et quand cette glace s'arrêta et ne coula plus, la vapeur d'eau qui s'élevait de la masse glacée frappa sur elle et se congela en givre ; et une couche de givre se déposa sur une autre, jusqu'à Ginnungagap.

La partie nord de Ginnungagap était remplie d'une lourde masse de glace et de givre, précédée de pluie et de vent glacial. Mais dans la partie méridionale de Ginnungagap, elle était éclairée par les étincelles et les braises incandescentes qui venaient de Muspelheim.

Comme tout ce qui venait de Niflheim était froid et terrible, tout ce qui se trouvait près de Múspell était chaud et léger. A Ginnungagap même, il y avait un abri comme dans un temps sans vent. Et lorsque la lueur chaude couvrit le givre, celui-ci commença à fondre et à couler, et dans les gouttelettes froides, la vie surgit par le pouvoir de celui qui avait envoyé la chaleur, et elle prit la forme d'un homme. Cet homme s'appelle Ýmir, mais les géants cavaliers l'appellent Aurgelmir. C'est de lui que descendent les géants cavaliers, comme le dit la Völuspá.

Le berceau de l'émergence

Le Ginnungagap est donc le vide béant dans lequel les mondes se condensent spontanément et se forment à partir du néant. À partir de ce néant neutre, il y a séparation ou polarisation entre la lumière chaude et l'obscurité froide. Le flux primordial de particules tourbillonnantes qui semblent jaillir du néant se différencie et se transforme en formes successives plus solides d'énergie et de matière dans des mondes successifs.

Origine étymologique du nom

Le mot racine *ginn* signifie *magie, sortilège*. Le dérivé *ginnung* est *enchantement* et les Vans sont appelés *ginnregin* ou *pouvoirs magiques*. L'espace primordial était donc plein de pouvoirs qui n'avaient pas encore d'ordre divin.

Ginn, d'ailleurs, est un mot qui est plus commun surtout dans le langage religieux ou spirituel. *Ginnheiligar* signifierait autant qu'*avec un pouvoir sacré*. Déjà dans la langue des monuments runiques (Stentoften et Björkertorp) ginna- ou ginnurunar (runes de puissance) sont mentionnés. Le Dr Jan de Vries (linguiste) déclare que si l'on considère qu'en plus de cela le mot *gandr* est également en ablaut comme *magique*, on peut supposer que l'on se trouve ici dans une sphère magique et que le mot *ginnungagap* est la communication d'*un espace primitif rempli de puissance magique*.

Gjallarhorn

La corne de Gjallar est une corne de la mythologie nordique. Elle est conservée par Heimdal, le gardien des dieux, qui garde le pont arc-en-ciel Bifrost et est caché sous l'arbre Yggdrasil. Grâce à cette corne, il transmet les messages des dieux d'Asgard aux mortels de Midgard.

Avec le Ragnarok, Heimdal fait résonner cette corne partout, afin que tous les dieux et leurs fidèles sachent que la bataille décisive est arrivée et qu'ils doivent se rendre dans la plaine Vigrid, la plaine où se déroulera la bataille entre le bien et le mal. Mais dans la mythologie nordique, il ne s'agit pas d'une bataille entre le bien et le mal au sens chrétien du terme. Il s'agit plutôt d'une bataille entre le chaos et le cosmos.

De la corne de Gjallar, selon Snorri Sturluson dans l'anticipation Mímir, l'hydromel de la sagesse boit au fond de sa source.

Gullinbursti

Gullinbursti signifie *"poils d'or"* et est le sanglier du dieu Freyr. Un autre nom est Slíðrugtanni (*défenses dangereuses*). Il est l'une des nombreuses créations des nains (notamment du nain Brokkr). L'animal tire le char de Freyr à travers l'eau et l'air et illumine souvent la nuit de ses poils d'or. On ne voit alors pendant longtemps que les rangées inférieures d'épines, signe que la créature géante traverse les cieux sombres.

La fabrication de Gullinbursti est racontée dans le Skáldskaparmál, qui fait partie de l'Edda en prose.

Lorsque Loki eut fabriqué pour les quatre fils d'Ivaldi la chevelure d'or de Sif, le navire Skíðblaðnir de Freyr et la lance Gungnir d'Odin, il paria sa tête sur Brokkr que le frère de ce dernier, Eitri, ne serait pas capable de fabriquer quelque chose d'aussi précieux. Afin d'accomplir des cadeaux pour Freyr, Eitri jeta alors une peau de porc dans le fourneau tandis que Brokkr actionnait le soufflet, et ensemble ils fabriquèrent le jamais Gullinbursti avec sa crinière dorée et ses poils qui brillaient dans l'obscurité et repoussaient les génies.

Au passage, le rusé Loki a conservé sa tête, car comme il l'a prétendu, sinon son cou aurait été endommagé, et elle n'a pas été incluse dans le pari.

Les premiers rois suédois, les (Ynglinge), portaient des casques à l'effigie d'un sanglier. L'un d'eux s'appelait Hidisvin, c'est-à-dire le sanglier de Freya. Le casque de sanglier est également mentionné dans le poème anglo-saxon Beowulf. Un autre héritage royal était le Sviagriss, un anneau avec l'image d'un porcelet.

Le sanglier est également un thème assez commun dans d'autres mythologies avec sa propre signification (fertilité générale et force).

Certains évoquent la parenté du *sanglier* et de l'*ours* anglais ou de l'*ours* néerlandais comme signe de puissance naturelle. Les noms avec *"Bir"* et *"Ber"* y feraient également référence (comme dans Brigit qui avait un culte bien à elle). La Cailleach celtique était également appelée *Bheur*.

Gungnir

Gungnir (également **Gungni**, **Gungner** ou **Gungrir**) était la lance magique du dieu principal Odin dans les mythologies nordiques d'Europe. Cette lance avec un serpent à son extrémité était son arme de justice. Odin est souvent représenté avec cette lance dans sa main et sur ses épaules les corbeaux Huginn (Pensée) et Muninn (Mémoire).

Gungnir est une lance qui ne rate jamais sa cible et qui, chez les berserkers, symbolise la force. Gungnir est souvent décrite comme "la lance qui effraie ses ennemis et donne de la force aux guerriers d'Odin".

Cette lance avait été fabriquée par les fils d'Ivaldi, les nains, sous la direction de Dvalinn le nain forgeron. Le dieu farceur Loki l'avait obtenue des nains en guise de réparation, en même temps qu'une perruque de fil d'or qu'il avait autrefois commandée pour remplacer les cheveux d'or de Sif, l'épouse de Thor, qu'il avait coupés.

Heimdall

Également orthographié Heimdal ou Heimdallr.

Dieu tutélaire

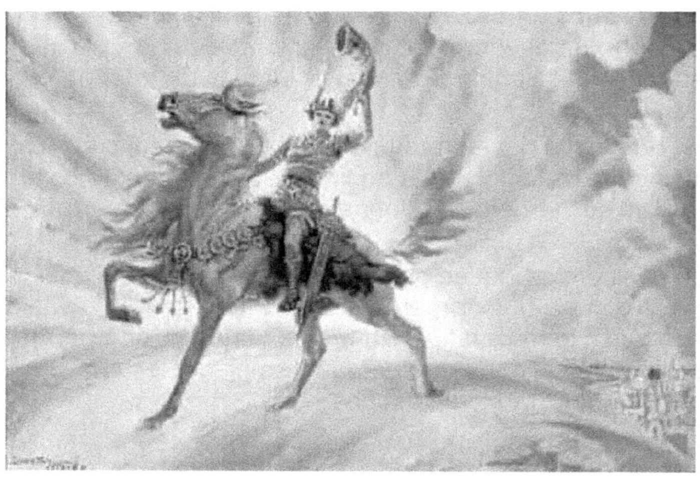

Heimdall ou **Heimdallr** (Hallinskidi, Gullintanni, "aux dents d'or") est le gardien des dieux dans la mythologie nordique. Il est le fils de neuf sœurs vierges, filles d'Aegir. Snorri Sturluson désigne Odin comme son père.

Heimdall surgit de l'écume des vagues. À partir de la vapeur du brouillard, il crée un arc de liaison entre Midgard et Asgard, appelé Bifröst, composé de vapeur et de lumière. Heimdal a une ouïe absolue, entend l'herbe et la laine pousser et souffle dans le cor Gjallar.

En tant que gardien des dieux, Heimdall a besoin de moins de sommeil qu'un oiseau. Il est capable de voir à des centaines de kilomètres la nuit comme le jour.

Heimdall est appelé le dieu blanc car sa peau est plus blanche que celle de tout autre dieu. Ses dents sont dorées. Il prend parfois la forme d'un bélier (souvent un symbole de force et de fertilité dans la mythologie, de préférence chez les peuples nomades). Son cheval s'appelle Gulltoppr ; sa résidence, située près du pont arc-en-ciel Bifröst, s'appelle Himinbjorg. Il possède une corne, appelée corne de Gjallar ou Gjall, dont le son est audible dans les neuf mondes (cf. cosmogonie nordique), et qui, à l'aube du Ragnarok, résonnera fortement à travers tout.

Il n'est pas toujours de garde : selon les mythes, ce n'est pas strictement nécessaire car, après tout, il peut prédire l'avenir ; il a donc déposé pour un temps sa corne chez Mímir, au pied d'Yggdrasil. On dit aussi qu'il cobuve dans sa salle, et qu'il assiste aux réunions des dieux.

Il est possible qu'il existe un lien spécial entre Heimdall et Freya. Selon une version du mythe, lorsque son collier Brinsingamen est volé par Loki, c'est Heimdall qui poursuit Loki ; les deux dieux se battent l'un contre l'autre sous l'apparence de phoques. Lorsque le géant Þrymr vole le marteau de Thor et demande la main de Freya en guise de rançon, c'est Heimdall qui persuade les dieux de ne pas céder mais, par ruse, d'envoyer Thor à la poursuite du géant déguisé en mariée.

La façon dont il défend Freya peut indiquer que Heimdall appartient aux Vanir. La bataille avec Loki pour Brisingamen n'est pas leur seule confrontation. Les deux dieux sont de grands rivaux ; ils seront les derniers à rester au Ragnarok et à s'entretuer.

Père des personnes et des classes

Selon le Rígspula, Heimdall a une alliance avec la fertilité : il est le père des hommes et le fondateur de leurs classes ou castes :

- À Ái (*arrière-grand-père*) et Edda (*arrière-grand-mère*), il a engendré Þræll ("serviteur"), un enfant laid à la peau tannée. Il dut effectuer des travaux manuels tout au long de sa vie, et les serviteurs descendirent de lui.
- A Afi (*grand-père*) et Amma (*grand-mère*), Heimdall a engendré Karl ("homme", "fermier"), un garçon aux yeux brillants et à la peau rose. Qui a grandi pour cultiver et construire la terre.
- Et à Faðir (*père)* et Móðir (*mère*) il engendra Jarl ("prince"), un garçon aux yeux brillants, à la peau claire et aux cheveux blonds, à qui il conféra les runes. C'est de lui que descendent les nobles.

L'enfer

Déesse des morts et maîtresse des enfers.

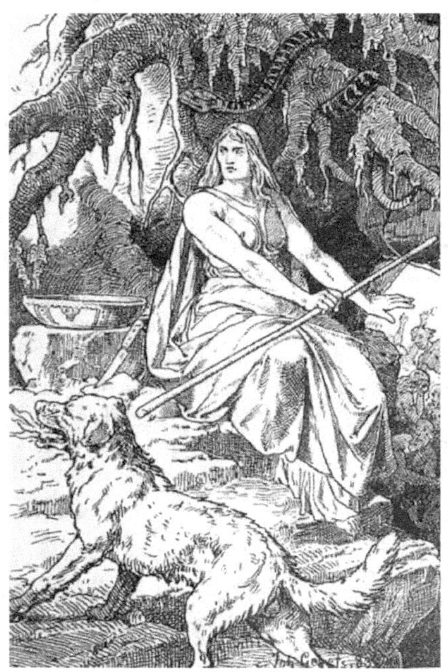

Le mot anglais "hell" vient du nom de cette déesse nordique.

Hel (également appelée **Hella**, **Helle**, **Hell**, **Hela** ou **Hellia**) dans la mythologie nordique est la déesse des enfers, de Helheim et de Niflheim.

Elle est la fille de Loki et d'Angrboda et la sœur de Fenrisulfr et de Jormungand.

Odin a jeté Hel dans le monde souterrain et lui a donné l'autorité sur ceux qui sont morts de mort naturelle. Son corps est à moitié noir et à moitié recouvert de chair. Sa demeure est la salle Eliudnir, ses serviteurs sont Ganglati et Ganglot.

Dans l'Edda, Hel est décrite comme la diseuse de bonne aventure qui prédit la mort de Baldr à Wodan. Elle prédit également la naissance d'un fils de Wodan, qui vengera la mort de Baldr. Wodan insulte Hel, et elle ne laissera plus jamais un homme venir à elle jusqu'à la chute des dieux, par le Loki rançonné.

Hermod est parti sur Sleipnir, le cheval à huit pattes d'Odin, vers le château de Hel pour libérer son frère Baldr et sa femme Nanna de la mort.

Enfer (lieu)

Le nom du monde des morts

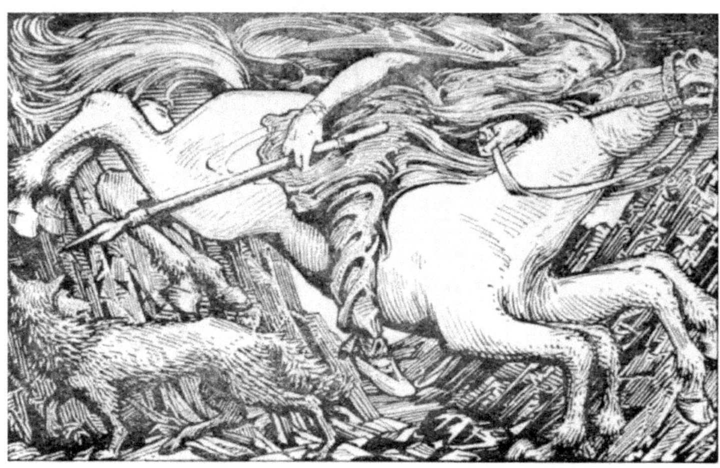

Helheim ou **Helgard,** dans la mythologie nordique, est le monde souterrain où réside la fille du dieu Loki, Hel. Dans la Prose-Edda de Snorri Sturluson, il est décrit comme un espace rempli d'ombres chinoises frissonnantes de ceux qui sont morts atones de maladie ou de vieillesse. Helheim est aussi le lieu des briseurs de serments déshonorants. Il fait très froid dans cette sphère la plus basse de l'univers. Il est situé au fond de la troisième racine d'Yggdrasil, près de Hvergelmir et de Náströnd. Il n'est pas certain que Helheim et Niflheim soient des lieux très différents, que l'un fasse partie de l'autre, et que les deux soient des noms différents pour le même espace ou état.

On dit que Helheim est une salle ou un hall dont le toit est entrelacé de vertèbres serpentines d'où le poison dégouline sur ceux qui pataugent dans des rivières de sang en contrebas. Ceux qui se perdent dans ces salles ne reçoivent que de l'urine de chèvre pour étancher leur soif. On dit que les portes se trouvent au sud, à l'opposé d'Asgard, qui serait situé au nord.

Le hall est entouré d'une rivière, la Gjöll, une eau froide comme le gel avec des gens qui y coulent. Cette rivière prend sa source à Hvergelmir et entoure complètement Helheim. Elle présente une ressemblance avec le Styx gréco-romain.

Le seul moyen de traverser la rivière est un pont d'or gardé par une jeune fille de l'ombre, la géante Móðguðr, et Garmr (comparez Kerberos), un monstrueux chien de l'enfer qui monte la garde avec lui. Ils n'empêchent personne d'entrer, mais seulement de revenir Si un vivant pose le pied sur le pont, il sonne et résonne comme si mille hommes l'avaient traversé, mais les morts l'enjambent sans tic.

Le géant Hræsvelgr (mangeur de cadavres) est assis à la limite du monde d'en haut. Il prend parfois la forme d'un aigle, battant des ailes et faisant surgir le vent de glace du royaume des morts.

Le dragon Níðhöggr se nourrit dans les profondeurs des cadavres de briseurs de serment décédés, d'abord déchiquetés par les loups.

Le monde souterrain (Helheim et Niflheim - *enfer glacé* ou *royaume des brumes*) lui-même est parfois appelé l'enfer, mais ce royaume des morts n'est pas comparable à l'enfer chrétien. Les meurtriers ou autres n'y viennent pas seulement pour être punis, et ce n'est pas spécialement un endroit terrible. Quiconque n'est pas amené dans les salles de Freya ou d'Odin, respectivement Sessrumnir et Valhalla, par les Walkuren en raison d'une bravoure exceptionnelle se retrouve à Hel. Cela signifie les malades, les personnes âgées, les femmes et les hommes qui sont morts de mort naturelle.

Garmr (un chien de l'enfer) garde la porte du vestibule Gnipahellir.

Le mot enfer vient du mot germanique primitif *haljæ*, qui signifie royaume des morts ou monde souterrain.

Hermod

Messager des dieux

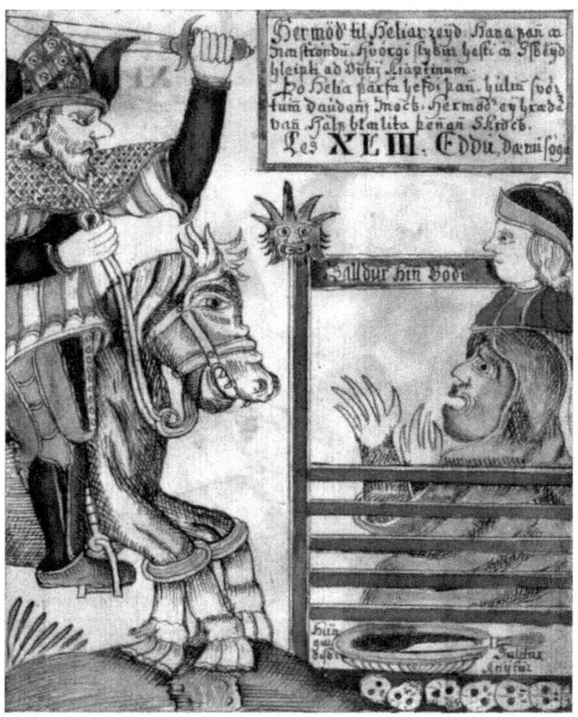

Hermod ou **Hermóðr** était un fils d'Odin et de Frigg dans la mythologie nordique et agissait en tant que messager des dieux. Il s'est rendu sur Sleipnir, le cheval à huit pattes d'Odin, au château de Hel pour libérer son frère Baldr de la mort.

Hlidskjalf

Dans la mythologie nordique, le nom **Hlidskjalf désigne le** siège ou le trône d'Odin. Il est situé dans le royaume de Gladsheimr, dans la salle Valaskjálf, la grande demeure incrustée d'argent d'Odin construite par les dieux. Cette demeure est située à Asgard, le monde supérieur où les Cendres sont chez elles.

Autour de *Hlidskjalf, il y a* 12 autres sièges à *Valaskjálf qui sont* dédiés aux autres dieux. Mais *Hlidskjalf* est apparemment le plus spécial. C'est le siège qui donne une vue sur tous les mondes. On peut également y observer toutes sortes de détails si on le souhaite.

En fait, seul Odin lui-même peut s'asseoir sur ce trône, mais souvent sa femme Frigg s'assoit à côté de lui.

Un jour, Freyr s'était assis sur *Hlidskjalf* et observait ainsi le monde entier, jusqu'à ce que, quelque part dans le pays géant de Jötenheim, il aperçoive une beauté vierge qui se rendait de la maison de son père à sa propre chambre. Cela éveilla en lui un désir si fort que Skirnir, le serviteur de Freyr, dut alors être persuadé par le père Njord d'aller parler à Freyr afin de le sortir de son enthousiasme quelque peu paralysant.

Hod

Également orthographié Höd, Hoder, ou Hodur.

Dieu de l'hiver et des ténèbres

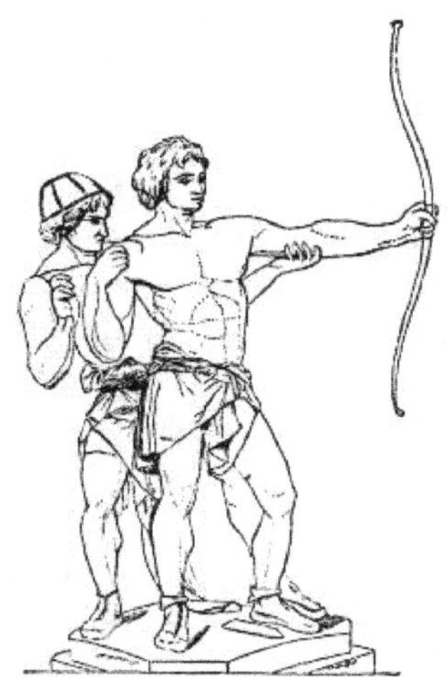

Hodr, dans la mythologie nordique, était un fils d'Odin.

Le nom *Hodr* est du vieux norrois et signifie "guerrier, combattant". La prononciation est approximativement [hɔðr]? ou [hœðr]? . La forme islandaise moderne est *Höður* ; les formes modernisées comprennent, par exemple, *Hod* ou *Höd*.

Selon le Gylfaginning et le Skaldskaparmál, il était aveugle. Il était le frère de Baldr. Par une ruse de Loki, l'aveugle Höðr a tué son frère Baldr en lui tirant dessus, soi-disant invulnérable, avec une flèche faite à partir du gui. À cette époque, le gui était la seule créature capable de blesser Baldr. C'était le talon d'Achille de Baldr. Baldr, d'ailleurs, a été vengé par son demi-frère Vali, un fils d'Odin et de Rind.

Après le Ragnarok, Baldr et Höðr s'élèveront fraternellement dans un monde nouveau.

L'écrivain danois Saxo Grammaticus (vers 1150 - 1220) appelle Hodr *Hötherus* (dans les *Gesta Danorum*). Celui qui joue le rôle de Vali et venge Baldr est ici appelé *Bous* et est un fils d'Óðinn et de Rinda.

Selon Georges Dumézil, il existe des similitudes avec les mythes indiens.
Selon lui, il s'agit d'un ancien motif indo-européen.

Hœnir

Dieu du silence, de la spiritualité, de la poésie et de la passion.

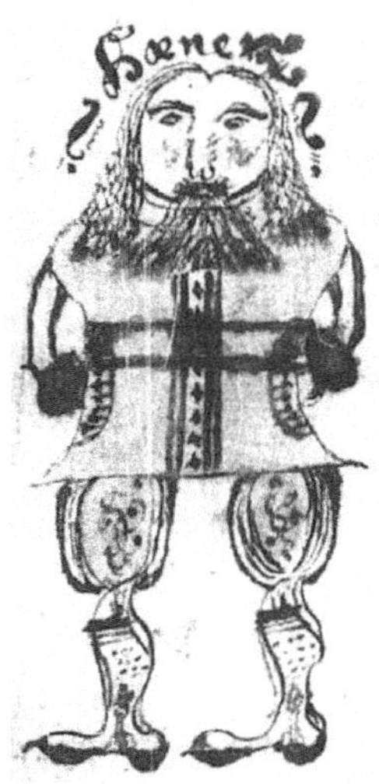

Dans la mythologie germanique, **Hœnir** était un Ase. Comme Mímir, il se rend chez les Vanir comme otage pour sceller un accord. Les Vanir firent de Hœnir l'un de leurs membres, mais il souffrait d'indécision et s'en remettait toujours à Mímir et ne donnait que des réponses sans engagement lorsque Mímir était absent. Ceci est raconté dans l'*Ynglingesaga*

Dans *Völuspá*, lors de la création des premiers peuples, Ask et Embla, Hœnir et Lóðurr aident le dieu créateur Odin. Dans le *Gylfaginning, par contre,* Vili et Vé sont mentionnés à cet endroit. Comme Snorri Sturluson connaissait la *Völuspá*, il est possible que **Hœnir** soit un autre nom pour Vili. Toujours selon la Völuspá, Hœnir est l'un des rares dieux à avoir survécu au Ragnarök. Hœnir a également un rôle moins important dans *Haustlöng* et *Reginsmál*.

Hringhorni

Un **hringhorni** (en vieux norrois : "navire avec un cercle dans le mât") est un navire du dieu Baldr et est décrit comme le *plus grand de tous les navires.*

Après que Baldr ait été tué par Hodr avec une flèche faite de gui par Loki, Baldr est mis en terre sur son navire par les autres dieux. Cependant, lorsqu'ils veulent le lancer et brûler son navire, les dieux sont incapables de lancer le navire. Cependant, avec l'aide de l'ancienne géante Hyrrokkin (venue sur un loup sauvage, avec des vipères en guise de rênes), ils y parviennent, mais elle pousse le navire dans l'eau avec une telle force que le navire s'enflamme et que la terre tremble.

La femme de Baldr, Nanna, fut également brûlée, étant morte de chagrin (ou s'étant jetée pleine de chagrin dans le feu). Odin a placé son anneau Draupnir (un anneau en or qui se divisait en neuf anneaux identiques tous les neuf jours) dans les flammes. L'anneau a plus tard été ramené des enfers par Hermod lorsque ce dernier s'est rendu aux enfers sur Sleipnir (le cheval à huit pattes d'Odin) pour libérer Baldr et Nanna de la mort, ce qu'il n'a toutefois pas réussi à faire.

En même temps que Hringhorni, Litr, un nain, fut également brûlé. Ce nain se jeta aux pieds de Thor alors que ce dernier consacrait les flammes du feu avec son marteau Mjolnir. Thor a alors poussé le nain dans le feu.

Huginn et Muninn

Huginn et Muninn sont les deux corbeaux d'Odin dans la mythologie nordique. Parfois, le dernier *n* est omis lors de l'écriture des deux noms.

Huginn (pensées) et Muninn (mémoire) partent chaque jour d'Asgard et survolent les neuf mondes de la mythologie nordique. À la fin de la journée, ils reviennent à Asgard, s'assoient sur les épaules d'Odin et lui murmurent à l'oreille toutes les nouvelles des différents mondes.

Huginn et Muninn sont également mentionnés dans l'Edda. Le Grímnismál raconte :

> *Dans le monde entier, tous les jours,*
> *Les mouches Huginn et Muninn.*
> *Je crains que Huginn ne rentre pas à la maison,*
> *Pour Muninn, je crains encore plus.*

Le nom Hugin est étymologiquement lié aux mots néerlandais *memory* et *heugen*. Le nom Muninn est étymologiquement lié au mot néerlandais "menen" et au mot anglais *mind*.

Hvergelmir

Hvergelmir (chaudron bruissant ou rugissant) était dans la mythologie nordique une source dans Niflheim. Dans la mythologie nordique et celtique, le terme *"chaudron"* symbolise souvent un espace cosmique, voire l'univers lui-même (voir Cailleach).

De *Hvergelmir* coulaient onze ruisseaux empoisonnés, qui portaient le nom collectif d'Elivágar. Séparément, il s'agissait de Svöl, Gunurd, Formfimbul, Þul, Slíd, Hríd, Sylg, Ylg, Víd, Leiptr et Gjöll, Gjöll étant proche du point le plus bas, Niflhel. Ils ont formé de la glace dans l'espace nord de Ginnungagap à l'époque préhistorique, lorsque la terre n'existait pas. La glace fut fondue par le feu de Muspelheim au sud et la vie y apparut, d'où naquirent le géant primitif Ymir et la vache primitive Audhumla. En sacrifiant le géant primitif, Odin et ses deux frères ont créé le monde.

Il y avait d'autres sources qui alimentaient l'arbre cosmique Yggdrasil, Urdarbrunnr (source d'Urd) et Mimisbrunnr (source de Mimir), chacune ayant sa propre fonction dans la cosmogonie nordique. Dans la source Hvergelmir, il y avait de nombreux serpents ainsi que le dragon Nidhogg, qui y rongeait l'extrême racine d'Yggdrasil.

Idunn

Également orthographié Idun, Ithunn, Ithun, ou Iduna.

Déesse du printemps et du rajeunissement

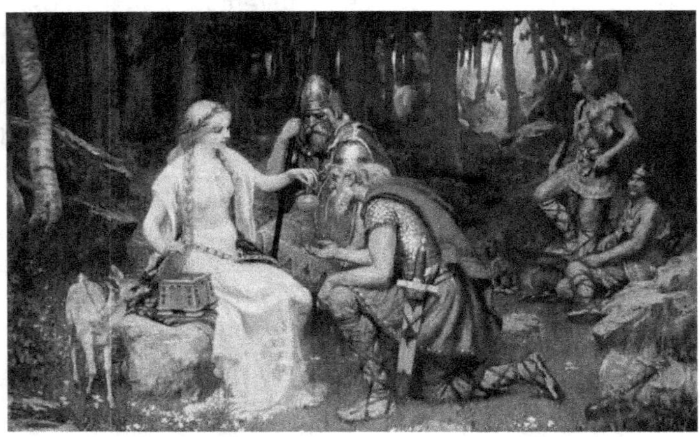

Dans la mythologie nordique, **Iðunn** est la gardienne des pommes de la jeunesse, qui donnaient aux dieux la jeunesse éternelle.

Le nom *Iðunn* est du vieux norrois et signifie "le rajeuni". La prononciation est approximativement [ˈiðunː]? . Les formes modernisées du nom sont *Iduna* et *Idun*.

Iðunn, selon le Gylfaginning, est la femme de Bragi.

Iðunn fut un jour kidnappé par le géant Þjazi (Thjazi). Loki l'aida à finir le travail. En fait, Loki était déguisé en faucon et fut ainsi capturé par le géant. Le géant savait qu'il ne s'agissait pas d'un faucon ordinaire, il l'emprisonna et l'affama. Il l'a forcé à dire son nom et à l'aider à kidnapper Iduna. Loki a finalement accepté.

Les dieux ne s'aperçurent pas immédiatement de la disparition d'Iðunn jusqu'à ce qu'ils remarquent qu'ils vieillissaient. Ils finirent par s'en rendre compte, car Loki avait beaucoup moins vieilli. En fait, Loki avait pris une pomme à Iðunn, ce qui lui avait permis de rester jeune un peu plus longtemps. Loki a tout avoué et a ensuite aidé les dieux à récupérer Iðunn et ses pommes en trompant le géant pour qu'il transforme Iðunn en noix (ou en hirondelle) et réapparaisse ensuite à Asgard.

Iðunn n'est mentionnée avant la christianisation que dans le poème skalden *Haustlöng* de Þjóðólfr de Hvinir (Thjódolf) (vers 900). Snorri Sturluson utilise ce poème dans le Gylfaginning. En outre, Iðunn apparaît dans la LokÆsirna. Sinon, il n'y a aucun texte survivant qui parle d'Iðunn. Si elle était une déesse, alors elle n'était pas très célèbre, mais comme l'histoire décrite ci-dessus l'indique, elle était importante pour les Æsir.

Jörmungandr

Le **serpent de Midgaard** ou **Jǫrmungandr** (parfois aussi *Jormungand* ou *Jorgmungander*), en tant que serpent, est pratiquement le plus grand et le plus dangereux monstre de la mythologie nordique. Il est l'un des trois enfants de Loki et d'Angrboða et probablement le plus terrifiant.

Le Midgaardsnake est si énorme qu'il se trouve dans un cercle autour de Midgard, le monde. Sa tête atteint le bout de sa queue et lorsqu'il la mord (comme l'Ouroboros), il tremble de rage, provoquant des tremblements de terre.

Son ennemi juré est Thor, avec qui il s'engagera dans un combat à la vie à la mort lors du Ragnarok (la fin des temps qui est la bataille finale). Thor a déjà failli le capturer une fois, mais comme son compagnon a pris peur, il n'a pas réussi à tuer la bête.

Thor, accompagné du géant Hymir, navigua si loin dans la mer primitive que même le géant prit peur. Utilisant une tête de bœuf comme appât, il essaya d'attraper le serpent. Quand il a mordu, il a donné un coup si fort que les poings de Thor ont atterri avec fracas sur la dérive. Avec sa force axiale, il s'arc-bouta de sorte que ses deux pieds traversèrent le bateau et atterrirent avec lui sur le fond de la mer. Pendant ce temps, il a tiré le serpent vers le bord. Et plus Thor regardait le serpent dans les profondeurs, plus elle lui lançait du venin. Hymir devint blanc alors que le serpent ondulait au-dessus de son bateau. Il a coupé la corde avec son couteau de pêche au moment où Thor balançait son marteau dans les airs. Le serpent s'enfonça à nouveau dans la mer, mais Thor lança son marteau à sa poursuite, et celui-ci frappa la tête du serpent au fond, mais cela n'est que d'après les hommes (d'après l'Edda), car on dit que le serpent est vivant dans l'océan du monde. Thor n'avait fait que frapper l'oreille d'Hymir avec son marteau, de sorte que ce dernier est passé par-dessus bord - on peut encore voir ses semelles dans la mer.

Jǫrmungandr sera écrasé par le dieu de la foudre et son Mjölnir, mais il périra lui-même de son poison.

Jǫrmungandr a encore Fenrir pour frère et Hel pour sœur, également descendants de Loki et de la géante Angrboða.

Jötun

Un être surnaturel

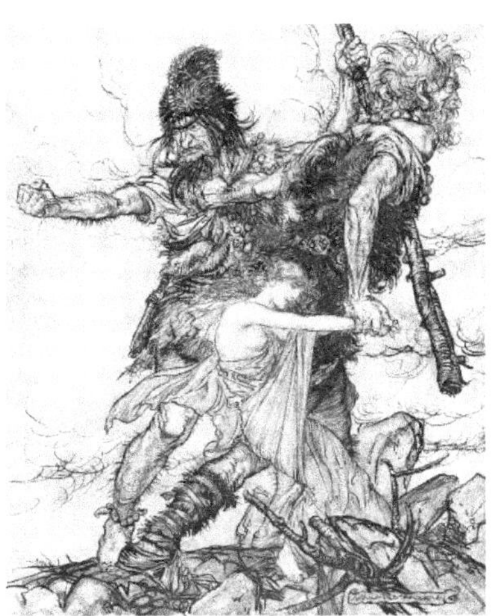

Les Jötun (en vieux norrois : Jötnar, Jöten ou Jøtnar, Jøten) ou **Thursen** (þursar) sont, dans la mythologie nordique, des géants aux pouvoirs impressionnants et aux dimensions gigantesques. Ce sont des entités humanoïdes ou bestiales aux dimensions souvent inimaginables (supérieures à celles des dieux), et dotées d'une force et d'une puissance quasi divines.

Les géants se disputent souvent avec les dieux. Dans ce processus, ils sont soit très stupides (surtout dans les *sagas héroïques*, peut-être par contraste avec les nouveaux héros), soit, au contraire, très sages en raison de leur âge avancé (surtout à l'époque païenne pré-chrétienne). Les géants couvrent tout l'espace-temps avec leur savoir unique. Comme ils sont issus de la préhistoire, on leur attribue également une grande sagesse originelle et un savoir unique.

Ils sont représentés sous de nombreuses formes différentes, parfois avec plusieurs têtes (trois, six ou neuf).

Signification du nom

Jötun a probablement la même origine que la *nourriture*, comparez aussi le vieil anglais *eóten*, et avait la signification originale de "glouton" ou "mangeur d'hommes".

Risar (sing. *risi*), en particulier *bergrisar*, est probablement lié à *rijzen*, et signifie une "figure rijzig", un "géant".

Thursar ou *þursar* (sing. *þurs*), spécialement *hrímþursar* (Vorstreuzen) peut être dérivé de "soif" ou "soif de sang", cf. le vieux haut allemand *duris* ou *thuris*. Le vieil anglais a aussi le mot apparenté þyrs avec la même signification. Un ancien dieu de la guerre finlandais assoiffé de sang était appelé *Tursas* ; la langue finnoise était l'une des plus anciennes de la région nordique.

"Thurs" est également le nom de la rune Þ, qui a ensuite évolué vers la lettre Þ.

Une géante peut également être désignée sous le nom de *gýgr*.

Origine des géants

Ils sont tous les descendants du géant primordial hermaphrodite Ymir et se sont levés avant les dieux, qui sont en fait aussi leurs descendants. *Ymir* est le nom de la première vie qui s'est formée au début des temps. Il s'agissait du terrifiant rijpreus, créé à partir des dépôts de rijp dans le vide chaotique originel (connu sous le nom de Ginnungagap). Pendant son sommeil, le géant primordial devint quelque chose comme une plante en croissance et de ses aisselles émergèrent un fils géant et une fille géante, et par la copulation de ses deux pieds, un monstre à six têtes, Thrudgelmir, fut créé. Ces trois entités donnèrent naissance à la race des *hrímþursar*, qui peuplèrent le royaume originel de Niflheim, monde de givre et de brume.

Les dieux (Cendres et Vans), quant à eux, prétendent avoir évolué à partir d'un certain Búri, un autre géant.

Puis, lorsque Ymir est sacrifié par Odin, Vili et Ve (trois petits-enfants de Búri) comme matériau pour la construction des autres mondes, Niflheim est complètement englouti par son sang (*sang* ou eau), et dans le processus tous les géants périssent sauf deux, un certain géant Bergelmir et son épouse, à partir desquels leur espèce renaît.

Fait remarquable, la plupart des dieux descendent directement de géants et de géantes, ou inversement, certains géants sont acceptés comme dieux. Les géants et les dieux se disputent souvent entre eux, bien que certains s'entraident. Loki, le dieu du feu, par exemple, est à moitié Jote et possède également une double nature.

Résidence

Une résidence importante des Jötuns est le château d'Utgard à Jötunheim, au-delà de Midgard, le monde des humains, dont il est séparé par de hautes montagnes aux forêts denses. Jotunheim est l'un des neuf mondes de la cosmogonie nordique. Le seigneur d'Utgard est Utgardloki, dont le royaume coïncide avec celui des morts. Lorsque les géants vivent dans d'autres mondes que le leur, ils préfèrent se retirer dans des grottes et des endroits sombres.

Les géants du feu, quant à eux, vivent dans le royaume du feu de Muspelheim, l'un des neuf mondes de la cosmogonie nordique. Les géants du feu sont les descendants de Muspel et de Surt. Le monde des humains était protégé des géants par le rempart que les dieux avaient fabriqué avec les sourcils d'Ymir. Les autres mondes étaient séparés de ceux des géants du feu par le pont Bifrost, dans lequel les géants ne pouvaient entrer sans s'effondrer.

Caractère des géants

Contrairement aux Cendres qui représentent l'ordre, les Jötuns sont les forces du chaos dans la mythologie nordique. Ils sont indomptés et représentent les forces du chaos originel et de la nature destructrice indomptée.

La plupart des géants représentent des aspects de la violence naturelle, tels que :

- Vorstreuzen/géants de conduite
- Géants de l'eau et des océans
- Géants du feu
- Géants de l'air et des tempêtes
- Géants des montagnes et des pierres
- Géants de la forêt

Les géants sont souvent terrifiants en raison de leur apparence inhumaine. Les géants sont décrits avec des griffes, des défenses, une peau noire et des membres de tailles différentes. Il y a ceux qui ont plusieurs têtes ainsi que des formes non-humaines. Par exemple, Jǫrmungandr et Fenrir étaient les descendants de Loki et d'Angrboða, une géante, et ceux-ci ne ressemblaient en rien aux êtres humains. Hel, en revanche, le faisait à nouveau, n'était le fait que la moitié de son corps était à moitié décomposé.

Cette apparence terrifiante s'accompagne de traits de caractère tels que la naïveté et la faiblesse intellectuelle. L'Edda compare souvent l'intelligence des géants à celle des enfants, émotive et non rationnelle. Pourtant, les géants nommés individuellement ou définis plus étroitement se voient souvent attribuer des caractéristiques opposées. Incroyablement vieux, ils sont porteurs de la sagesse des temps passés, comme Vafthrúðnir et Mímir. Et ce sont eux qu'Odin recherche pour acquérir des connaissances pré-cosmiques.

Relation avec les dieux

La plupart des géants sont considérés comme dangereux, voire maléfiques, et ennemis des dieux (Haches et Vans) et des humains, mais il existe aussi des géants de bonne nature.

De nombreuses épouses de dieux sont des géants. Njǫrð est marié à Skaði, Gerðr devient l'épouse de Frey, Odin gagne l'amour de Gunnlod, et même Thor, le grand massacreur de l'espèce, aime Jarnsaxa (géante), la mère de Magni. En cela, ils apparaissent comme des sortes de divinités mineures, ce que l'on peut également dire du géant Ægir, qui a bien plus de liens avec les dieux qu'avec la racaille qui peuple Jotunheim. Aucun d'entre eux ne craint la lumière, et leurs demeures ne diffèrent guère de celles des dieux en termes de confort.

Mais la relation entre les géants et les dieux ou les humains n'est favorable qu'à certains (comme avec Ägir et Mímir), et les autres Jötuns représentent une menace pour l'Axe. Par conséquent, ils sont constamment engagés dans une guerre cosmique, dans laquelle Thor (rappelant à l'ordre avec son marteau) prend le dessus, et ce jusqu'au Ragnarök.

Ragnarök

Jusqu'au Ragnarök, Heimdall garde en permanence le pont de Bifröst entre Ásgard et Jötunheim. Thor se rend souvent à Jötunheim pour tuer un maximum de géants avec son marteau.

Les géants maléfiques de ces genres (la plupart d'entre eux) partiront en guerre contre les Cendres à la fin des temps. Le géant du feu Surt (probablement le seul être encore plus vieux qu'Ymir) détruira alors toute la création avec son épée de feu.

Leur défaite face aux trois dieux-frères Odin, Vili et Vé représente la victoire de la culture sur la nature, même si elle entraîne sa chute.

Les géants dans le folklore scandinave ultérieur

Plus tard, les géants ont été appelés trolls en Scandinavie. Ils ne supportent pas le son des cloches des églises et doivent donc vivre loin de la civilisation, dans les montagnes ou dans les forêts les plus reculées. S'il leur arrive de venir dans la communauté humaine, c'est principalement pour faire taire les cloches des églises en jetant de gros rochers roulants sur les édifices religieux.

Les géants étaient considérés comme une race du passé, dont les vestiges étaient encore visibles dans le paysage. Saxo Grammaticus attribuait l'élévation des dolmens aux géants. Un gros rocher apparemment perdu dans le paysage était appelé "jet de géant". Ce terme a survécu dans une histoire du folklore suédois, comme si un géant, à une époque plus ancienne, avait arraché deux morceaux de terre créant le lac Väner et le lac Vätter, et les avait jetés dans la mer Baltique, où ils forment aujourd'hui respectivement les îles de Gotland et d'Öland.

Jötunheimr

Jotunheim ou **Jötunheim** (vieux norrois **Jötunheimr** ou, au pluriel, **Jötunheimar**) est la patrie des Jötun dans la mythologie nordique. Jotunheim est décrit dans la Prose-Edda.

Il existe également une zone montagneuse située dans le sud de la Norvège, où elle est appelée **Jotunheimen**.

Les origines de Jotunheim

Les géants ont d'abord habité la plaine de Vigrid, où Ymir et les premiers dieux sont également nés. Odin et ses frères Vili et Vé ont sacrifié Ymir pour créer les mondes.

Tous les Hrimthursar sauf deux se sont noyés dans le fluide vital d'Ymir. Bergelmir (fils de Thrudgelmir, petit-fils d'Ymir) et sa femme parvinrent à se glisser dans une souche d'arbre creuse à temps pour l'utiliser comme bateau. Bergelmir navigua ensuite avec sa femme jusqu'à un endroit qui s'appellera plus tard Jotunheim. Là, ils s'élevèrent et donnèrent naissance à une nouvelle lignée plus jeune d'Hrimthursar. Bergelmir devint ainsi le père primordial d'une nouvelle génération de géants, les Jötun. Cette progéniture nourrissait une profonde haine pour l'Axe.

La fortune de Bergelmir le met au même niveau que les innombrables héros du déluge qui ont échappé à la noyade générale. Il y a l'Utnapisthim mésopotamien, Deukalion et Pyrrha, Philémon et Baucis dans les mythes grecs, la Bible a Noé qui a survécu au déluge dans une arche.

Séparation d'Yggdrasil

Pour empêcher Thursen et Jötun d'envahir le monde des hommes et des dieux, les dieux ont construit autour de Midgard et d'Asgard un rempart fait des sourcils d'Ymir. Ils ont ainsi séparé l'arbre-monde Yggdrasil de Jotunheim (avec la forteresse géante Útgard à l'extrémité).

Jusqu'au Ragnarok, quand leur rage éclatera vraiment, les Jötun seront hostiles aux dieux cet acte en tête, même s'il y aura des géants magnanimes. Mais alors, ils prendront Asgard d'assaut depuis Niflhel.

Résidents et visiteurs

A Jotunheim vivaient (entre autres) ;

- Þrymr (qui avait volé le marteau de Thor, Mjöllnir) dans sa demeure de Thrymheim,
- Thjazi (dont la fille Skadi est devenue une Asin) vit également à Thrymheim,
- Menglad dans son château Gastropnir.

Thor aimait se rendre à Jotunheim, car il pouvait y pratiquer son sport favori : battre les géants à mort avec son marteau Mjöllnir.

Loki séjourna autrefois chez la géante Angrboða, avec laquelle il eut trois enfants (Jörmungandr, Hel et Fenrir - ils jouent un rôle majeur lors du Ragnarok). Il se rendit plus souvent à Jotunheim, jusqu'à ce qu'il soit ligoté par les Cendres sous la bouche dégoulinante de Jörmungandr.

Thor et Loki à Jotunheim

Il y a une histoire dans la Prose Edda qui traite d'une période où la formation de la glace s'est produite ; l'âge glaciaire dont il est question n'est pas clair. L'histoire présente des similitudes avec *Hymisvädet*, dans laquelle une marmite est recherchée. Dans les deux histoires, Loki est l'instigateur d'un acte interdit, après quoi la vengeance de Thor s'abat sur l'auteur.

Comme dans *Vafþrúðnismál* (*Chanson de Vafthrudnir*), la visite de Thor et Loki illustre l'illusion que constitue la conscience dans le monde des géants.

L'histoire

La période glaciaire a détruit les récoltes et tué hommes et bêtes. Thor se rend avec Loki à Räsvälg pour se plaindre. Le char de Thor ne peut pas traverser le Bifröst, alors ils pataugent dans la rivière Ifing (le doute). A Midgard, ils logent chez un pauvre fermier et ses enfants Tjalfe (vitesse) et Röskva (travail). Il y a peu de nourriture, alors Thor abat ses chèvres Tandgniostr et Tandgrisnir (grattoir et broyeur de dents) et dit aux autres de mettre les os dans leur peau sans les briser.

Loki murmure au fils d'un fermier qu'il doit goûter la moelle, et le fils se casse un os. Au matin, Thor fait revivre ses chèvres d'un coup de marteau, mais découvre qu'une chèvre est paralysée. Le fermier propose

à ses enfants de devenir les serviteurs de Thor, et Tjalfe accompagne
Thor et Loki dans leur voyage.

Ils passent la nuit dans une étrange structure avec une petite et une
grande pièce, et ils entendent un grondement. Le lendemain matin, ils
trouvent un géant endormi, Skrimir. La maison était son gant et le
grondement son ronflement. Les dieux essaient d'ouvrir le sac du géant,
mais n'y parviennent pas. Thor frappe alors le géant trois fois avec son
marteau, mais le géant ne se réveille pas. Il y a encore trois vallées qui
fendent la montagne où dormait le géant.

Le groupe atteint Utgárdloki (Loki de la cour extérieure) et est mis au défi
de participer à une série de courses. Tjalfe participe à une course, mais
perd. Loki prétend pouvoir manger plus que n'importe quel géant, mais il
perd car le géant mange aussi l'assiette. Thor veut vider une corne à
boire, mais ne peut qu'abaisser un peu le niveau du tonneau du géant.
Puis Thor doit soulever le chat du géant, mais ne parvient qu'à bouger une
patte. Thor veut ensuite se battre avec les géants, mais la vieille nourrice
des géants le bat facilement.

Les dieux partent vers leur propre sphère et l'hôte les accompagne et
explique les illusions. Tjalfe a la vitesse de l'éclair, mais n'a pas pu battre
la pensée. Loki s'est attaqué à Logi (flamme) qui a également mangé la
planche de bois. La corne avait son extrémité dans les profondeurs de
l'océan et le monde des géants avait tremblé de peur lorsque le niveau de
l'eau avait baissé. Le chat était Jörmungandr (équateur) et celui-ci avait
bougé de façon inquiétante. Elli, la vieille nourrice, est en réalité une
personne âgée qui épuise tout le monde.

Thor lève son marteau de colère et veut se venger par un tour, mais il se
trouve sur une plaine qui s'étend à l'infini et son hôte et la ville ont disparu.

Loki

Aussi appelé Loki Laufeyiarson.

Dieu du feu, de la magie, de la métamorphose et du chaos.

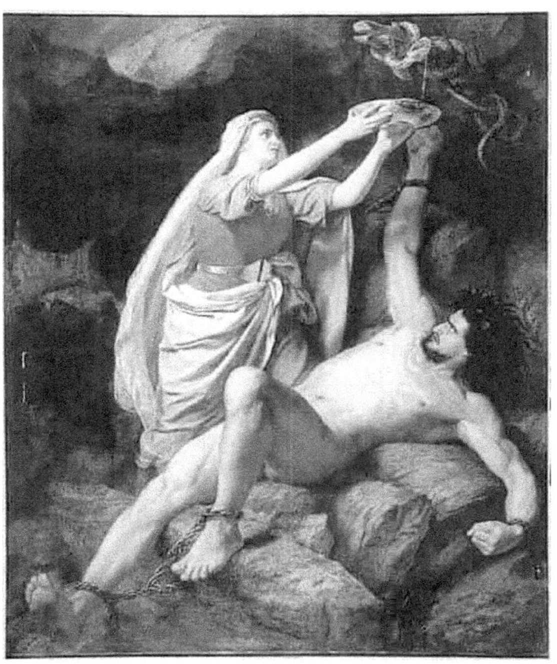

Loki (également *Looki*, *Loke*, *Lopt* ou *Loptr*) est le dieu du chaos et du mensonge de la mythologie nordique.

Il est un fauteur de troubles et un métamorphe. Il aide les autres dieux, mais travaille aussi souvent contre eux. Après qu'il ait participé à la mort du dieu Balder, les autres dieux ont décidé de l'emprisonner. Il fut attaché dans une grotte avec les entrailles de son propre fils, et un serpent fut suspendu au-dessus de sa tête, dont le venin dégoulinait sur son visage. Il y restera jusqu'au Ragnarok, la fin du monde. Dans la guerre qui s'ensuivrait, il combattrait les autres dieux et Heimdall et lui-même connaîtraient leur fin respective.

Généalogie

Loki était l'un des fils de Farbauti et Laufey et le frère de sang d'Odin.

85

Loki se maria deux fois, d'abord avec la géante Angrboda qui lui donna trois créatures monstrueuses : Fenrir, le serpent de Midgaard (ou : Jǫrmungandr) et Hel (reine des enfers). En fait, la fille de Loki s'appelle Leikinn ou Leikn et c'est la déesse de la maladie, et Niflhel (ou : " Pas Hel ") n'est autre que l'immonde déesse Urd. Il épousa ensuite Sigyn, qui lui donna deux fils : Vali et Narvi. Ces fils ont joué un rôle dans sa capture. En fait, ces fils n'ont jamais existé, car Narvi (Nidhadr, Mimir) n'est autre que Mimir, et Vali est le fils d'Odin et de Rindr. Ce sont les chaînes de Mimir qui ont été utilisées pour lier Loki, en référence aux chaînes de Vali qui l'ont empêché de tuer Hodr, ou le ventre de sa propre mère Rindr.

Loki est également la mère de Sleipnir, car il avait alors pris la forme d'une jument (grise) et fut ensuite fécondé par l'étalon Svadilfari, le cheval du vorstreus.

Ses exploits

Loki, en créant les mondes, donne des couleurs au pont Bifröst, que Heimdall a fabriqué, et en fait un arc-en-ciel. Le monde est alors prêt et l'homme peut y apparaître (versets 17-18 du Voluspá).

Son mauvais caractère est peut-être dû au fait que ses parents étaient des géants des glaces. Il ne pouvait s'empêcher de faire des farces audacieuses et de mettre en danger les dieux, même s'il les sauvait souvent grâce à sa ruse. Par exemple, il a un jour provoqué l'enlèvement d'Iduna, provoquant un vieillissement rapide des dieux. Il mettait parfois en danger son camarade Thor, même s'il l'aidait aussi à récupérer son marteau, comme le raconte le Þrymskviða.

Lors de la construction de l'Asgaard, il a trompé le géant du gel Hrimthur qui devait construire un mur autour de l'Asgaard et ne recevait son salaire des Æsir que s'il terminait le travail à temps. Loki se transforma en jument et attira ainsi Svadilfari, le cheval du vorstreus, si bien que le vorstreus lui-même courut après lui pour récupérer son cheval. De cet étalon naquit Sleipnir, le cheval à huit pattes destiné à Odin.

Dans le Reginsmál, "la chanson de Regin", Regin parle à Siegfried d'Odin, Hoenir et Loki. Ils étaient venus à la cascade de la part du nain Vigilant, qui y vivait comme un brochet. La loutre, le frère de Regin et Fafnir, y dévorait un saumon, quand Loki l'a jeté à mort avec une pierre. On lui arracha la peau. A la cour de Hreidmar, le père de Regin, Fafnir et Otter, les dieux furent capturés. Ils ont dû recouvrir la peau de la loutre d'or à l'intérieur et à l'extérieur. Loki devait aller chercher l'or. Loki a attrapé le brochet Vigilant et lui a pris tout son or. Avec ça, la peau de loutre était recouverte et les dieux étaient libérés. Fafnir tua son père et s'appropria tout l'or, après quoi Regin incita Siegfried à tuer le dragon Fafnir et à s'approprier ses trésors.

Après la mort de Balder et Hödur, le géant des mers Aegir organise un festin dans sa grotte. Lors de ce festin, comme le décrit la LokÆsirna, Loki va trop loin dans ses insultes envers les autres dieux, et ceux-ci décident de l'emprisonner. Loki sait que le moment est venu, et s'assied sur une montagne stérile pour les regarder arriver Quand les dieux arrivent, il se transforme en saumon. Les dieux fabriquent un filet pour l'attraper, mais il l'esquive en premier. En mer, cependant, des monstres marins et des poissons menés par Njord et Aegir l'attendent. Loki s'enfuit par-dessus le filet, mais Thor est plus rapide et l'attrape.

Pour mettre fin à sa méchanceté, il est attaché sous la gueule dégoulinante d'un serpent venimeux (un de ses enfants). Loki s'y ennuie terriblement. Il attendait le Ragnarok, au cours duquel il dirigerait les forces du mal contre les dieux. Lui-même est finalement mort des mains de Heimdall.

Caractère et signification

Loki est un personnage ambigu et mystérieux : selon le Gylfaginning, il est un Ase et il se bat souvent avec eux contre les géants. Grâce aux nains, il fait forger des objets magiques tels que le marteau Mjölnir pour Thor et l'anneau Draupnir pour Odin. Mais en même temps il est fier de son meurtre de Balder et est le père d'êtres infernaux.

Souvent, il est aussi reconnu comme un héros de la culture, à l'image du Prométhée grec. Le feu que celui-ci accorde aux hommes est un don ambigu : d'une part, il favorise la culture (chaleur, lumière, cuisine, métallurgie...), d'autre part, il tue la culture lorsqu'il s'avère que l'homme ne peut pas le contrôler (armes à feu, technologie).

Cependant, bien que, selon certaines théories dominantes, il soit considéré comme un esprit du feu, avec tout le potentiel de bien et de mal qui va de pair avec le feu, il se pourrait que ce point de vue soit dû à une contamination linguistique avec *logi* "feu", car il y a très peu d'indications à ce sujet dans le mythe, où le rôle de Loki est principalement associé à Odin, soit comme son égal volontaire, soit comme son antagoniste.

Ström identifie même les deux dieux au point d'appeler Loki une "
hypostase d'Odin ". Et Rübekeil suggère que les deux dieux étaient
originellement identiques, dérivés du celte Lugus ou Lugh (dont le nom
serait contenu dans *Loki*). Quoi qu'il en soit, la figure de Loki n'était
probablement pas une invention tardive des skalds nordiques, mais
descendait plutôt d'un prototype indo-européen commun.

Le Dr Jan de Vries voyait en Loki une figure mythique apparentée au
trickster nord-américain, un être ambivalent, même dans son attitude
envers les humains.

Pour Georges Dumézil, Loki est une figure archétypale de la tromperie et
de la malice omniprésentes, et sa présence parmi les ennemis des dieux
lors de la bataille eschatologique en fait un homologue de Duryodhana de
l'épopée indienne Mahabharata. Duryodhana y est la personnification de
l'esprit du temps de la décadence et de la chute (Kali Yuga), qui
correspond dans la mythologie nordique au concept de Fimbulvetr.

Le fait que le chiffre 13 passe pour un chiffre de malchance peut provenir
d'une saga autour de Loki dans laquelle il apparaît comme le 13e invité
non invité à un festin et plonge ensuite le monde dans le deuil.

Loki n'avait pas de temples ni de culte.

Midgard

Midgard (royaume du milieu) est le nom du royaume des hommes dans la
mythologie nordique. Ce monde est situé quelque part au milieu
d'Yggdrasil et est entouré d'un monde d'eau ou d'un océan primordial, qui
ne peut être traversé. Dans cet océan primordial vit le serpent mondial, qui
est si gigantesque qu'il encercle le monde entier et se mord la queue.

Dans la mythologie nordique, *Miðgarðr* s'appliquait à une région fermée
par un rempart construit à partir des sourcils de l'être primordial Ymir, qui
devait protéger le monde de la violence des Jötun vivant à Jötenheim.

Localisation

Midgard est un monde intermédiaire, situé en dessous de l'Asgaard
céleste et au-dessus du monde infernal de Niflheim. Ensemble, ces trois
mondes forment la triade du monde supérieur, du monde intermédiaire et
du monde inférieur.

Asgard se situe juste au-dessus de la position tenue par Midgard dans
Yggdrasil, et est le monde des dieux, plus précisément celui des Cendres.
D'autres divinités, les Wans, résident à Wanaheim.

Origine de Midgard

Midgard a été créé à partir du corps du Vorstreus Ymir (qui signifie
"jumeau" ou "hermaphrodite" en vieux norrois) ; il était, selon la
mythologie nordique, la première créature vivante créée à partir des
gouttes d'eau qui émergeaient de la glace fondante qui remplissait le
Ginnungagap (vide béant). De son corps, Odin et ses frères ont fait
Midgard. De la chair du géant, ils ont fait la terre et de son sang, les mers.
Midgard était relié à Asgard par le Pont Bifrost, gardé par Heimdall.

La fin de Midgard

Selon la légende, Midgard sera détruit lors du Ragnarok, dans la bataille
qui aura lieu à la fin des temps. Le Serpent Mondial surgira alors de
l'océan primordial et pénétrera la terre et la mer avec son venin, de sorte
que la mer bouillira et engloutira la terre. Après la bataille finale qui aura
lieu sur la plaine de Vigrid, Midgard et toutes ses formes de vie seront
détruites alors que la terre sombrera dans la mer.

Muspelheim

Muspelheim ("pays de la flamme"), également appelé **Muspel** (*respectivement en vieux norrois Múspelsheimr et Múspell*) est le monde du feu dans la mythologie nordique. C'est la patrie des géants du feu et de leur maître Surt.

La chaleur de ce monde contraste fortement avec le froid glacial du Niflheim opposé, et là où, au début des temps, ces deux mondes se rencontrent dans le gouffre béant, le Ginnungagap, de violents processus se produisent, faisant fondre la glace de Nifleim en eau, et faisant s'envoler les étincelles de Muspelheim, donnant naissance aux étoiles, comètes et planètes.

Selon le récit de la création en vieux norrois, les deux mondes sont nés de la volonté de Fimbultyr dans le sol sans fin du monde (Ginnungagap), où ils contribuent finalement à la création de Ymir, rendant ainsi possible l'existence de la matière.

Muspelheim, selon certains, porte le nom de Muspell ("le marcheur du monde") et est habité par les fils de Muspell, dont Surt ("Noir") est le capitaine. Selon d'autres, Surt ne serait qu'un autre nom pour Muspel.

Quoi qu'il en soit, sous la direction de Surt, les géants déclencheraient la bataille finale du Ragnarok contre les dieux Surt et ses fils s'engageraient alors d'abord sur le pont Bifröst, mais celui-ci succomberait à leur piétinement. Enfin, Surt dissoudrait les mondes dans le feu avec son épée flamboyante Surtalogi, en commençant par Yggdrasil, l'arbre des mesures, l'arbre du monde ou le frêne sacré.

Muspelheim est ainsi longtemps séparé de Midgaard par Myrkviðr ("forêt lugubre"), une forêt sombre et impénétrable qui symbolise également la frontière psychologique entre le bien et le mal.

Naglfar

Le Naglfar est un navire de la mythologie nordique fabriqué avec les ongles des morts.

On coupait les ongles des justes décédés, pour éviter que ce navire de la mort, situé à Nástrond, ne se détache plus vite que nécessaire. En effet, Naglfar naviguerait vers Midgard avec le Ragnarok, provoquant la chute des dieux. Le navire sera piloté par Hrym, selon Snorri Sturluson dans le Gylfaginning, ou par Loki, comme indiqué dans le Völuspá.

Il est également dit dans le Völuspá que ce bateau est navigué par "munu Muspells", le peuple des Muspels. Bien que muspilli, en vieux haut allemand et en vieux saxon, signifie quelque chose comme la fin du monde, le poète nordique l'a pris pour le nom d'un géant.

Nanna

Déesse associée à la joie, à la paix et à la lune.

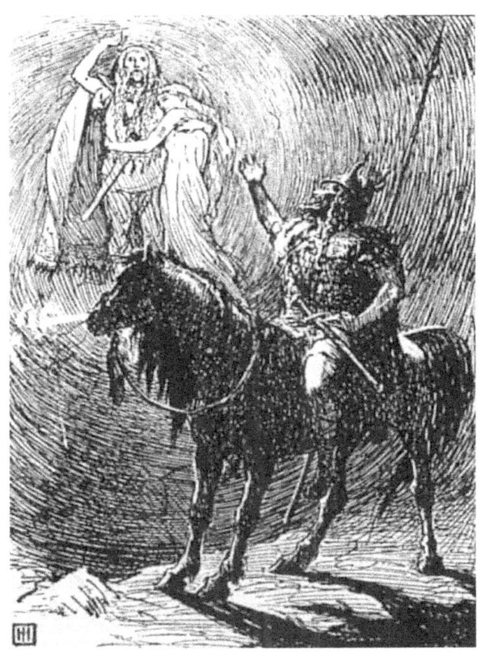

Dans la mythologie nordique, **Nanna** est l'épouse de Baldr, la mère de Forseti et la fille de Nepr. Elle est une géante mais devient Asin après avoir épousé Baldr. Lorsque Baldr est tué par son frère aveugle Höðr, elle succombe à son chagrin et se jette sur le bûcher de son cadavre qui brûle sur son navire à la dérive Hringhorn.

Niflheim

Niflheim (monde sombre) dans la mythologie nordique est le royaume des brumes.

À Niflheim, selon certaines sources, l'enfer régnait. Niflheim était le royaume des morts, un monde glacé où une personne vivante n'avait guère d'affaires. Pourtant, même les dieux s'y rendaient de temps en temps. Par exemple, Hermod, le frère de Balder, demanda à Hel de libérer Balder de la mort.

Le point le plus profond de Niflheim est Niflhel, où se trouve le château de Hel du même nom. C'est également à Niflheim que se trouve la source de Mímir, qui confère la sagesse et pour laquelle Odin a sacrifié son œil pour pouvoir y boire.

Selon le Gylfaginning de la Prose-Edda de Snorri Sturluson, au centre de Niflheim se trouve la source Hvergelmir (chaudron rugissant), d'où jaillissent onze rivières empoisonnées (Elivagar, vagues de tempête). Celles-ci sont devenues, à une grande distance de leur source, des couches de glace dans la partie nord de l'Espace, Ginnungagap. Lorsque la glace entra en contact avec la chaleur du sud de Muspelheim (Terre des Flammes), elle fondit et la vie émergea. Les formes du géant primitif Ymir et de la vache primitive Audhumla y apparurent et en le sacrifiant Odin et ses deux frères créèrent le monde.

Njord

Également orthographié Njorth, Niord, ou Njordr.

Dieu de la mer, du vent, de la fertilité et patron des pêcheurs et des marins.

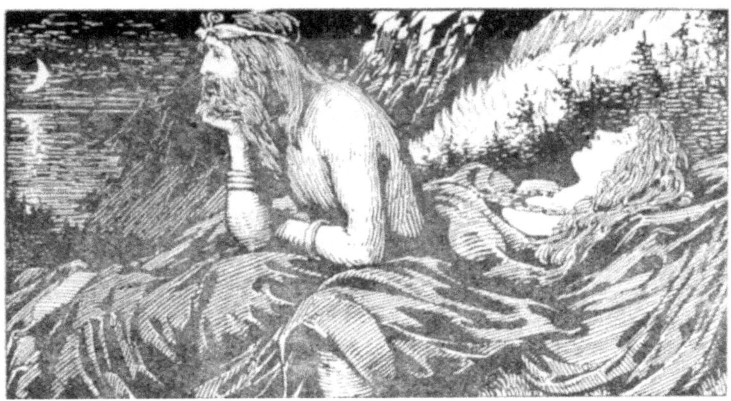

Dans la mythologie nordique, **Njord** ou **Njordr** (vieux norrois *Njörðr*) est un dieu appartenant aux Wanen. Il représente les terres côtières fertiles, le matelotage et l'art de la navigation.

Nom

Le nom de Njörðr s'écrit Njǫrðr en vieux norrois mais le 'ǫ' est souvent remplacé par 'ö'. On peut donc convertir le nom de plusieurs façons : *Njord, Njordr, Niord, Niordr, Njörd* et *Njörðr*.

Des orthographes alternatives pour Njord incluent également Njördh, Njörðr et Njörður (orthographe islandaise).

Njord est peut-être similaire au dieu romain de la mer Neptune et au grec Poséidon.

Généalogie

Njord est le mari de la géante Skaði et le père de Yngvi-Freyr et Freyja. Selon le Heimskringla, leur mère était la propre sœur de Njord. Le nom de sa sœur pourrait également être Njord, selon une reconstitution du nom d'une déesse suève, que Tacite a translittéré en latin en "Nerthus" (= *Njörðr*). Il résidait à Nóatún ("Cité des bateaux"). Njord est un dieu étroitement associé à la fertilité, comme le sont les autres Wans en général.

Njord et ses enfants sont venus plus tard vivre avec les Æsir, comme "otages" après la guerre entre les deux familles de dieux. Bien qu'ils soient considérés comme faisant partie de la famille des aristocrates et des dirigeants légitimes, ils n'étaient pas libres de partir, afin que les intérêts mutuels du traité de paix puissent être sauvegardés.

Njord est l'équivalent en vieux norrois de la déesse Nerthus, décrite par Tacite. Ainsi, Hilda R. Ellis Davidson a suggéré dans "Gods and Myths of Northern Europe" (1964) qu'il y a peut-être eu autrefois un couple de dieux, Njord et Nerthus, Freya ayant ensuite remplacé Nerthus. Elle affirme également qu'il y avait d'autres dieux masculins et féminins appariés dans la mythologie nordique, mais dont nous ne connaissons guère plus que les noms (par exemple, Ullr et Ullin).

Le mythologue comparatif Georges Dumézil a développé l'idée de Jacob Grimm selon laquelle le héros Hadingus dans l'*Histoire du Danemark*, livre I de Saxo Grammaticus, pourrait être une version euphémisée (*"historicisée"*) de Njord. Cette suggestion a été utilisée par l'auteur de SF fantastique Poul Anderson dans son ouvrage *War of the Gods*.

Dans la reconstruction idiosyncrasique de la mythologie nordique par Viktor Rydberg, Njord est également connu sous le nom de Fridleif, *le pacifique*. Avec Hodr, il a entrepris une mission de paix auprès de Weland et Egil, qui ont rejeté cette paix. Il a ensuite sauvé son fils Freyr des mains des Jötun. Pendant la guerre des dieux entre les Æsir et les Wanen, il mène l'attaque sur Asgard, qu'il gagne. Pendant son absence de Vanaheim, Loki tenta de s'y installer, mais Njord le vainquit au combat et lui montra la sortie.

Njord et Skaði

Selon Rydberg, après avoir volé les pommes de la jeunesse, les Æsir ont accidentellement tué le père de Skaði, Weland-Thjazi, et l'ont regretté. Mais il avait alors amené l'ère glaciaire dans le monde. Skaði, la fille du géant, enfila alors ses skis, sa cotte de mailles, son casque et partit pour le Valhalla afin de venger son père. Mais les dieux ont convenu qu'il fallait compenser cette perte d'une manière ou d'une autre. Elle a donc été autorisée à choisir n'importe quel dieu masculin comme mari, mais elle n'a pu voir que leurs pieds pour faire son choix. Elle regarda longuement tous les pieds, puis choisit la paire blanche la plus propre, pensant qu'elle appartenait à Baldr. Mais ce n'était pas Baldr, c'était Njord, car ses pieds étaient toujours lavés par la mer... Et bien qu'ils s'aimaient beaucoup, leur mariage fut finalement assez difficile. Car Skaði, en tant que fille d'un géant des montagnes, vivait dans le pays de l'hiver, et Njord était toujours réveillé par les loups, et il faisait déjà beaucoup trop froid pour qu'il puisse dormir. Et Skaði ne supportait pas de vivre dans une forêt de printemps et d'être réveillée par le chant des oiseaux chaque matin. Et elle trouvait aussi qu'il y faisait un peu trop chaud. Ils avaient donc décidé de vivre à tour de rôle neuf nuits dans un endroit et neuf dans l'autre, à Þrymheimr avec elle, puis à Nóatún. Et ainsi, ils s'en sortaient toujours assez bien.

Norns

Leurs noms étaient Urd (également orthographié Urdr, ou Weird, signifiant "passé"), Verdande ("présent") et Skuld ("futur").

Trois êtres féminins qui régissent le destin des dieux et des hommes.

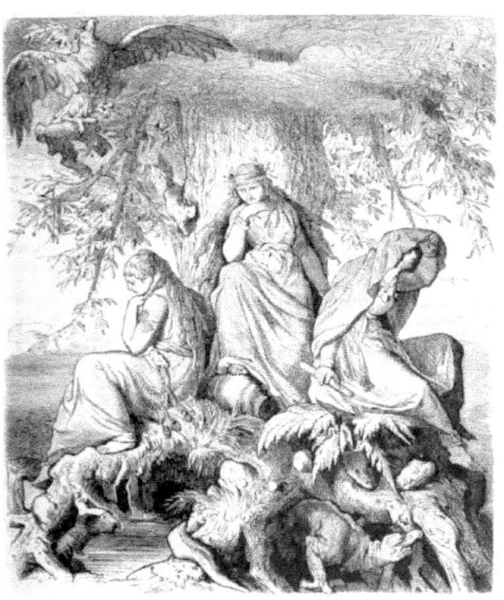

Les Nornes sont les déesses de l'arrangement ou du destin de la mythologie nordique. Elles sont représentées comme trois sœurs qui déterminent le destin des hommes et des dieux. En tant qu'esprits gardiens féminins ("disir"), elles fixent le destin de chaque humain et divinité à la naissance. Elles le font en dessinant des runes dans la tribu d'Yggdrasil et selon la croyance dans certaines régions également en tissant. Cette méthode se retrouve dans les déesses d'arrangement de presque toutes les autres mythologies, comme les Moerae ou Moira de la mythologie grecque. Les Nordiques sont assez souvent confondus avec les Walkuren, qui ont pourtant un rôle très différent dans la mythologie nordique.

Les trois Nornes s'appellent Urd (ce qui a été), Verdandi (ce qui est né pour être) et Skuld (ce qui sera). Elles vivent près du *"puits d'Urd"* qui se trouvait sous l'arbre de vie Yggdrasil à Asgard. Urd était la première Norn et représentait le destin ou le passé. Verdandi (*devenir*) dans certaines sources symboliserait le présent, Skuld le futur. Le trio entretenait également l'arbre de vie Yggdrasil en enduisant le bois pourri d'argile blanche.

Leurs caractères présentent de nombreuses similitudes avec des déesses d'arrangement similaires chez les Romains (Parcae) et les Grecs (Moirae) dans l'antiquité classique. Leur service coïncide en partie avec celui du culte vraisemblablement très ancien et très répandu des triples déesses mères, dont on peut supposer qu'elles ont trois fonctions principales : protectrices du bonheur domestique, protectrices d'un établissement ou d'une tribu et déesses arrangeuses. La différence majeure avec ces déesses arrangeuses de l'antiquité classique est que le destin que les Nornes tissent n'est pas définitif mais beaucoup plus dynamique et laisse beaucoup de place à l'individu pour potentiellement changer son destin.

Dans la croyance populaire, les Norns ont survécu pendant un certain temps après l'introduction du christianisme. Dans le folklore scandinave, les "nornae" sont toujours connues de la population. Des groupes spirituels contemporains, New Age et Ásatrú maintiennent ce culte en vie, souvent mélangé à des croyances contemporaines.

Náströnd

Dans la mythologie nordique, **Nástrond** (*plage des cadavres*) est un endroit du monde souterrain, le Niflheim, où repose le navire de la mort Naglfar. Nidhogg y vit avec ses semblables et c'est de cette rive que Naglfar part avec ses morts vers Midgard lors du Ragnarok. Sur Nástrond se trouve également la salle de la déesse de la mort, Hel, où les malfaiteurs subissent les conséquences de leurs actes.

Odin

Également appelé Othin, Wotan, Woden, Wuotan, Voden ou Votan.

Dieu de la sagesse, de la guerre, de la magie, de la poésie, de la prophétie, de la victoire et de la mort.

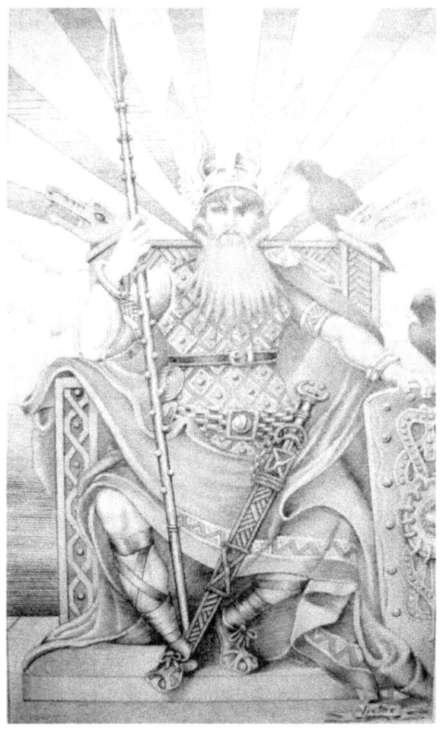

Odin (vieux norrois : Óðinn, suédois et danois : **Oden**) est considéré comme le dieu suprême ou l'al-père dans la mythologie nordique. Ces formes sont dérivées du proto-germanique ***Wōdanaz**, d'où également le vieux saxon **Wōdan, l'**anglo-saxon **Wōden**.

Odin est le dieu de la connaissance, de la sagesse, de la bataille, de la guerre, de l'au-delà, de la magie, de la médecine et de l'écriture runique.

La description d'Odin provient principalement du *Gylfaginning*, un récit du 13e siècle de l'Islandais Snorri Sturluson, dans lequel la perspective chrétienne prédomine. Des sources plus anciennes, comme l'*Edda poétique,* présentent une image moins claire.

Selon Snorri, il vit à Gladsheimr mais réside aussi régulièrement à Valaskjálf (Asgard) où son siège Hlidskjalf offre une large vue sur les mondes. Il y a une autre salle spéciale, le Walhalla, avec de nombreuses portes et couverte de boucliers, où il reçoit tous les guerriers honorablement tombés et choisis.

Outre Frigg, son épouse, Odin a également eu des enfants avec d'autres femmes. Parmi ses fils figuraient Donar, Baldr, l'aveugle Hodr (également appelé Hod ou Hodur) et Sigi, l'ancêtre de la famille Völsung, à laquelle appartiennent également Sigmund et son fils Siegfried. Dans le Prologue de la Prose-Edda, Veggdegg, Saeming et Yngvi (Freyr) sont encore mentionnés comme ses fils. Avec Fjorgyn (Terre) il a un fils Thor et avec une géante un fils Vidar (Dieu de la vengeance), qui le vengera dans la bataille finale. Avec Rindr (terre gelée par l'hiver) il a le fils Vali.

Des études récentes, notamment celles du linguiste anglais Richard North, suggèrent que le culte d'Odin / Wodan n'est apparu que bien après les Mouvements populaires. Le dieu Odin aurait alors adopté les caractéristiques de dieux antérieurs, notamment le dieu de la fertilité Ynvgi, mais aussi le Dieu chrétien. Les auteurs chrétiens ultérieurs le dépeindront rétroactivement comme une image négative ou païenne du dieu chrétien. En particulier, la pendaison d'Odin à l'arbre de vie reflète à la fois la mort du Christ sur la croix et la mort du traître Judas, qui, comme Odin, était représenté pendu à un arbre.

Le nom Odin

Le nom de *Wodan* pour un dieu principal du haut Moyen Âge était courant en Europe du Nord-Ouest : il était rendu sous le nom d'Odin en Europe du Nord. Wodan est généralement assimilé au dieu Mercure, tel que décrit par Tacite dans sa description des dieux indigènes. Cependant, on peut supposer que la divinité Wodan était inconnue à l'époque romaine.

Le nom est dérivé du protogermanique *wōdaz*, qui signifie " rage ", " colère " ou " extase ". Le nom d'Odin est étroitement lié à celui d'un autre dieu norrois, Óðr. Le mot vieux norrois óðr indique la " colère " ou la " rage ", mais aussi l'" extase ", la " poésie " ou même la " sagesse universelle ", proche du vieil anglais *wōð* " chant, poème " . *Il* s'agit probablement d'un mot indo-européen *wātʰ , qui fait référence* à l'" excitation émotionnelle ", l'" extase " et l'" inspiration poétique ". En dérivent des mots comme le latin *uātēs* 'prophète, poète', le vieil anglais *fáith* (idem) et *fáth* 'prédiction', le gallois *gwawd* 'poème', ainsi que 'ressentiment'. Odin est donc associé à la fois à la sagesse (savoir, sagesse, prophétie, poésie et littérature) et à la force (énergie, combat et guerre).

Connaissance et sagesse suprêmes

Odin était le plus doué d'entre eux, et c'est de lui qu'ils ont appris tous les arts - du moins la plupart - car il était le premier à les maîtriser tous. Et si l'on doit expliquer pourquoi Odin était tant honoré, c'est pour les raisons suivantes : lorsqu'il était assis avec ses amis, il était si beau et impressionnant à voir, que cela réchauffait le cœur de chacun (*Proza-Edda*, *Gylfaginning*, 7).

Odin, dans l'Edda, est le symbole vivant du pouvoir et de la sagesse suprêmes. Il est lui-même né à ce titre par e géant Ymir qui s'est vu conférer les aspects d'une plante vivante à partir de laquelle poussent toutes sortes d'êtres tels que les géants Búri ou Borr et Bestla qui produisent eux-mêmes Odin, Vili et Vé.

> Les trois derniers créent ensemble Midgard, un monde où les gens peuvent vivre.

> Pour cela, ils utilisent le géant primitif Ymir, qu'ils sacrifient. (Le crâne du géant devient le firmament porté par quatre nains : nord, sud, est et ouest. Les cerveaux deviennent des nuages, les os des montagnes, etc. Les Alves transforment le sang du géant en eau et en mer, et sa chair en terre et en argile).

Odin a de nombreux visages et autant de noms (cinquante rien que dans le Grimnismal). On l'appelle aussi **Alfather**, car il est l'un des créateurs du monde. On l'appelle aussi "le vagabond", car il est toujours en mouvement et parmi les gens, afin d'acquérir de nouvelles connaissances. Il peut changer de forme, ce qui lui permet de vivre de nombreuses aventures. Il n'a pas toujours des caractéristiques faciles, car en plus d'être sage, il est aussi rusé.

Il a cédé un œil au géant Mímir pour avoir le droit de boire au puits de la sagesse, et il repose maintenant au fond du puits :

Cette source se trouvait sur le territoire de Mímir, qui en buvait tous les jours et jouait toujours aux échecs contre lui-même. Odin fut autorisé à boire à la source à condition d'en payer le prix. Odin dit qu'il était prêt à renoncer à un œil pour cela, ce à quoi Mímir répondit que c'était donc le prix qu'il demandait. Cependant, Mímir n'était pas malveillant, il voulait simplement montrer que la sagesse a son prix. Il prit donc soin d'Odin du mieux qu'il put. Plus tard, lorsque le dieu principal revint à Asgard, il était accompagné de Mímir, qui serait désormais le conseiller des dieux et qui jouait régulièrement une partie d'échecs avec Odin. De cette aventure Odin garda le nom de "le Borgne".

Sa connaissance du futur inquiétait Odin. Il était aussi confronté à la question dont lui seul connaissait la réponse, la question d'Odin. Le cycle mythologique germanique avait commencé par un bain de sang lorsque Odin et ses frères, Vili et Vé, avaient créé le monde humain à partir du cadavre du géant du froid Ymir, et se terminerait par le bain de sang du Ragnarok, où le sang des géants eux-mêmes coulerait. Le prologue du Ragnarok est la mort de Baldr, le fils d'Odin, qui fait prendre conscience aux dieux que la ruse de Loki est devenue un pouvoir obscurci. Odin ne peut empêcher la catastrophe. Sa seule consolation est de savoir que Baldr sera vénéré comme dieu suprême dans un nouveau pays qui émergera de l'Urocean.

Baldr apparaît comme une sorte de réédition glorifiée d'Odin, sans ses petits défauts. Dans la *saga Völsunga,* on raconte qu'Odin a planté son épée dans la canne d'ambre, le chêne de la cour du roi Völsung. L'épée était destinée à celui qui pourrait la retirer. Seul Sigmund était capable de le faire. Lorsque Sigmund se bat pour la demoiselle Hjördis (la mère de Siegfried) avec Lyngvi, un fils du roi Dogson, Odin met l'épée de Sigmund en pièces avec une hallebarde, ce qui entraîne la défaite de Sigmund. Les morceaux de l'épée d'Odin sont plus tard forgés ensemble pour Siegfried par le nain Regin, et avec cette épée, Gram, le fils de Sigmund, Siegfried est capable de vaincre le dragon Fafnir.

Le sacrifice d'Odin

Ainsi Odin/Wodan raconte comment il a acquis les runes de la sagesse :

Neuf nuits, je me suis suspendu à l'arbre, blessé par la lance dédiée à Odin. Je me suis sacrifié à moi-même.

Suspendu à cet arbre, personne ne sait où sont les racines.

Personne ne m'a donné de pain, personne ne m'a donné d'eau. Dans l'abîme, j'ai regardé pour saisir les runes, avec un grand cri et j'ai perdu conscience.

Le bien-être était ma récompense et aussi la sagesse. J'ai grandi et j'ai eu la joie de ma croissance ; d'un mot à l'autre, j'ai été conduit à un mot, d'un acte à l'autre.

Comme Wodan, Odin est également connu pour avoir sacrifié un œil et être devenu omniscient et voyant grâce à cela.

Dieu de la bataille et de la guerre

Odin est un guerrier à bien des égards. Surtout avec les mots. L'art des mots était hautement considéré dans la civilisation nordique. Il y avait une culture omniprésente du débat, (où le perdant pouvait littéralement perdre la tête...). En fait et en principe, Wodan n'est pas une divinité de la guerre ; nos ancêtres l'invoquaient dans leur combat défensif contre les agresseurs romains : Wodan était, est et reste le Dieu de l'Amour. Il n'a jamais incité les hommes à la guerre ; l'homme l'a toujours fait lui-même (et a généralement blâmé Wodan/Dieu).

Cependant, lorsqu'il partait en guerre, il apparaissait terrifiant aux yeux de ses ennemis. Cela s'explique par le fait qu'il maîtrisait l'art de changer son apparence et sa forme de nombreuses façons pour satisfaire sa fantaisie. En outre, il parlait si bien et si doucement que quiconque l'écoutait pensait que lui seul était la vérité. Il disait tout en vers, comme on le fait encore aujourd'hui en poésie. Lui et ses prêtres étaient appelés les "faiseurs de vers", car ils ont lancé cet art dans les pays nordiques (*Prose Edda, Gylfaginning, 8)*.

Odin est apparenté à d'autres dieux indo-européens tels qu'Indra et Zeus. Mais chez les anciens peuples nordiques, il n y avait pas de véritable sacerdoce, le rang ou la caste des nobles (et des guerriers) était donc le plus élevé. Par conséquent, leur dieu suprême faisait également office de dieu de la guerre et ce rôle n'était pas dévolu à un subalterne comme Mars chez les Romains. Selon Georges Dumézil, la guerre colorait et encapsulait tout dans l'idéologie et les pratiques du peuple germanique.

Odin était tenu en haute estime par les Vikings, et son culte a atteint son apogée aux 8e et 9e siècles. De rudes marins et maraudeurs étaient attirés par "le père des déchus", qui abritait les Einherjar ("morts glorieux") au Valhalla.

À cette époque, le borgne Odin a vraisemblablement remplacé Týr, le dieu du ciel des peuples d'Europe du Nord selon les Romains. Tyr, lui aussi, était un dieu de la guerre, mais Odin animait les guerriers les plus fanatiques. Il pouvait mettre les hommes dans un état de frénésie, de sorte qu'ils ne craignaient rien et ne ressentaient aucune douleur.

Odin pouvait faire en sorte que ses ennemis au combat deviennent aveugles, sourds ou remplis de peur, et que leurs armes deviennent aussi tranchantes que des balais. Ses hommes se battaient sans armure et se comportaient comme des chiens ou des loups fous, mordaient leurs boucliers, étaient forts comme des ours ou des taureaux. Ils tuaient des gens, et ni le feu ni le fer ne pouvaient les blesser. Une telle chose s'appelle la rage du berserker (*Prose Edda, Gylfaginning*, 9).

Ces terrifiants "berserkers" plongeaient dans la bataille nus et à grand bruit, le corps peint entièrement en noir. Ils étaient une terreur pour les Romains. Le nom d'Odin signifie autant que "frénésie" ou "folie", ce qui suggère une possession similaire à celle du héros irlandais Cú Chulainn. Le fait qu'Odin soit devenu le dieu principal montre à quel point la guerre était devenue importante pour le peuple germanique. Odin, d'ailleurs, n'incarnait pas la combativité : il se contentait de l'inculquer aux autres.Odin est toujours en train de semer le conflit et a un jour ordonné à Freyja de faire s'entretuer deux princes, de sorte que leurs vassaux devaient patauger dans des mares de sang sur le champ de bataille.Rassembler les guerriers tombés au combat au Valhalla est la seule stratégie qu'il peut suivre en vue du crépuscule des dieux. Il a désespérément besoin des Einherjar, des guerriers en paroles et en actes, pour la bataille finale contre les géants des glaces dans la plaine de Vigrid, à laquelle presque personne ne survivra.Pendant le crépuscule des dieux, même Odin est tué par le loup dévorant Fenrir, l'un des enfants de Loki. Le dieu de la création sombre avec sa création.

Dieu de la magie et de la médecine

Odin est à la fois le dieu de la sagesse et de la sorcellerie (connaissance et habileté). Il est presque entièrement dévoué à la sagesse. A tel point qu'il a jeté son œil unique dans le puits de Mimir en échange de la sagesse. Il a reçu une première sagesse profonde en se pendant pendant neuf jours à l'arbre du monde Yggdrasil. Par cette mort volontaire et sa résurrection ultérieure (son initiation auto-imposée en tant que premier chaman), il obtint une plus grande sagesse que quiconque. Le *Gylfaginning* raconte ce qui suit à son sujet :

- Ódin pouvait changer de forme. Son corps restait alors allongé comme s'il était mort ou endormi, et entre-temps il se transformait en oiseau ou en quadrupède, en poisson ou en serpent, et ainsi il se rendait à la vitesse de l'éclair dans des contrées lointaines pour s'occuper de ses affaires ou de celles des autres. Il pouvait aussi, par la seule parole, éteindre le feu, calmer la mer et faire souffler le vent dans la direction qu'il voulait.

- Ódin avait un navire appelé *Skíðblaðnir*, avec lequel il naviguait sur les grandes mers ; ce navire pouvait être replié comme un tissu.
- Òdin avait toujours avec lui la tête de Mímír, qui lui donnait beaucoup de nouvelles des autres mondes. Parfois, il ressuscitait les morts de la terre ou s'asseyait parmi les pendus. C'est pourquoi on l'appelait aussi Seigneur des morts ou Seigneur des pendus. Il possédait deux corbeaux qu'il avait appris à parler. Ils volaient dans le monde entier et lui apportaient de nombreux messages. Grâce à tout cela, il devint extrêmement sage. Tous ces arts, il les enseignait par des runes et des chants appelés "chants magiques". C'est pourquoi les Æsir sont aussi appelés "sorciers".
- Ódin a maîtrisé l'art qui donne le plus de pouvoir, le `seidr`, et l'a pratiqué lui-même. Cela lui permettait de connaître le destin des gens et l'avenir. Il pouvait également provoquer la mort, le malheur ou la maladie des gens et les priver de leur esprit ou de leur pouvoir pour le donner à d'autres. Lorsque ce type de rituel avait lieu, il s'accompagnait de tant d'indulgence sexuelle que l'on estimait que les hommes ne pouvaient pas mener de tels rituels sans déshonneur, et c'est pourquoi cet art était enseigné aux prêtresses.
- Ódin a toujours su où l'argent était caché dans le sol et connaissait les sortilèges par lesquels la terre, les montagnes, les rochers et les tumulus s'ouvraient à lui, et avec des mots seulement il liait ceux qui devaient veiller sur les trésors, entrait et prenait ce qu'il voulait.
- Les gens ont fait des offrandes à Ódin et aux onze autres princes et ils les ont appelés leurs dieux et pendant longtemps ils ont cru en eux.
- Grâce à ces pouvoirs, il est devenu très célèbre. Ses ennemis le craignaient, mais ses amis lui faisaient confiance et croyaient en lui et en ses pouvoirs. Il a enseigné la plupart de ses arts à ses prêtres. Ils étaient presque aussi sages et compétents en magie que lui-même. Cependant, beaucoup d'autres personnes ont également beaucoup appris d'eux, et les arts magiques se sont ainsi répandus loin à la ronde et ont perduré pendant longtemps.
- C'est du nom d'Ódin qu'est dérivé le nom d'Auðun. Les gens ont donné ce nom à leurs fils, tout comme ils ont utilisé le nom de Thór dans des noms tels que Thórir, Thórarin, Steinthór et Hafthór.

Odin se permet en outre d'être tenu au courant de l'évolution des connaissances et des événements dans les neuf mondes en envoyant ses deux fidèles corbeaux et en leur demandant de revenir lui faire un rapport.

Runes

Comme mentionné précédemment, Odin s'est suspendu à l'arbre de vie pour nourrir sa sagesse. L'une de ces choses était d'obtenir les runes magiques (*zipper* les *runes*). Ces signes sont constitués de lignes puissantes. Ceci dans le but de les dessiner facilement sur les rochers, les métaux ou le bois. On disait que les runes donnaient accès aux puissantes forces de la nature.

- Son anneau Draupnir a été forgé par les nains. L'anneau produit neuf anneaux d'or tous les neuf jours.
- Les corbeaux Huginn (pensée) et Muninn (mémoire) sont assis sur ses épaules. Ils volent autour du monde et racontent à Odin tout ce qu'ils apprennent au cours de leurs voyages.
- Il porte souvent à la main une coupe, symbole du cosmos (le chaudron), dans laquelle il boit l'hydromel appelé Oddroerir, qui fait fermenter son esprit et bouillonner la sagesse et les nouvelles connaissances.
- Odin se promène avec un bâton dont le bourgeon porte constamment des feuilles vertes et des fleurs fraîches.
- Odin est suivi par les loups Geri (gloutonnerie, avarice) et Freki (gloutonnerie, avarice) qu'il nourrit. Lui-même ne mange pas, mais boit seulement le vin.

Odin est également associé au concept de la Chasse sauvage, une horde bruyante et rugissante, se déplaçant dans l'espace à la tête des vaincus (directement comparable au Rudra védique et aux Maruts).

Odin partage la fête de Joel (21 décembre) avec le dieu Ull.

Odin dans le prologue de la Prose-Edda

Selon le Prologue de la Prose-Edda, Voden (Odin) descend de Tror (Thor) après dix-sept générations (Loridi, Einridi, Vingethor, Vingenir, Moda, Magi, Seskef, Bedvig, Athra-Annar, Itrmann, Heremod, Skjaldun-Skjold, Biaf-Bjar, Jat, Gudolf, Finn, Friallaf-Fridleif). On dit que Thor est le fils de Munon (Mennon) et de Troan, la fille de Priamus de Troie. Thor grandit en Thrace (Trudheim) avec le comte Loricus et sa femme Lora (Glora). Odin décida de quitter la Turquie en Asie (l'Extrême-Orient et le Moyen-Orient étaient considérés comme des parties de l'Asie) et voyagea au nord vers la Saxe, le Reidgotaland et la Suède, où il rencontra le roi Gylfi. Le fils d'Odin, Veggdegg, régnait sur la Saxe orientale, son deuxième fils, Beldegg (Baldr), sur la Westphalie, et les descendants de son troisième fils, Siggi (Sigi), les Völsungen, devaient régner sur la France. Un autre fils d'Odin, Skjold, devint roi du Reigotaland, et de la famille des Skjoldungen naquit la famille des rois danois. En Suède, Odin fonda Sigtun (près de Stockholm). En Norvège, le fils d'Odin, Saeming, devint roi, géniteur des rois nordiques. Yngvi a succédé à son père Odin comme roi de Suède. Il était le géniteur des Ynglingen.

Coutumes religieuses

Les gens vénéraient les dieux nordiques de diverses manières. De grandes statues de Thor, Odin et Freyr se dressaient dans l'impressionnant temple d'Uppsala en Suède, où l'on pratiquait notamment des sacrifices humains. Dans les temples plus petits, les prêtres apportaient des offrandes de service, notamment à Thor et Freyr.

Les gens rendaient également hommage de manière moins spectaculaire : ils offraient des sacrifices aux bois, rochers ou pierres sacrés qu'ils considéraient comme la demeure des dieux ou déesses patrons. Ce type de sacrifice consistait généralement en de la nourriture.

Ils construisaient également de simples autels de pierres empilées en plein air. Les temples étaient souvent très simples.

Les gens choisissaient également des lieux saints naturels, comme Helgafell (montagne sacrée) en Islande. Thorolf Mostur-Beard, un fervent adepte de Thor, affirmait que cette montagne était si sacrée que personne ne pouvait la regarder sans se laver et qu'aucune créature vivante ne pouvait y être blessée. Le même Thorolf a également suivi une coutume très répandue en jetant les montants en bois de sa chaise haute par-dessus bord lorsque son navire approchait de l'Irlande. Cela permettait à Thor de le guider vers l'endroit qui serait sa maison.

Thorolf considérait ce lieu désigné par Thor comme sacré et personne n'était autorisé à le profaner avec du sang.

- Bolverk (espiègle)
- Har (celui qui est très grand), Herran (Herjan, seigneur)
- Harbard (barbe grise)
- Jafnhar (hauteur égale)

109

- Thidi (le troisième)
- Vegtam (l'expert de la route)
- Helafell (montagne sacrée)
- Uppsala (Temple de la Suède)
- Nikar (Hnikar), Nikuz (Hnikud)
- Fjolnir (le sage)
- Oski (accomplissement du désir)
- Omi
- Biflidi (Biflindi) (foreur de lances)
- Svidar, Svidrir, Vidrir (souverain du temps)
- Jalg (Jalk)
- Fimbultyr (dieu puissant), a voulu que Niflheim et Muspelheim soient créés.

Ragnarok

La bataille du bout du monde

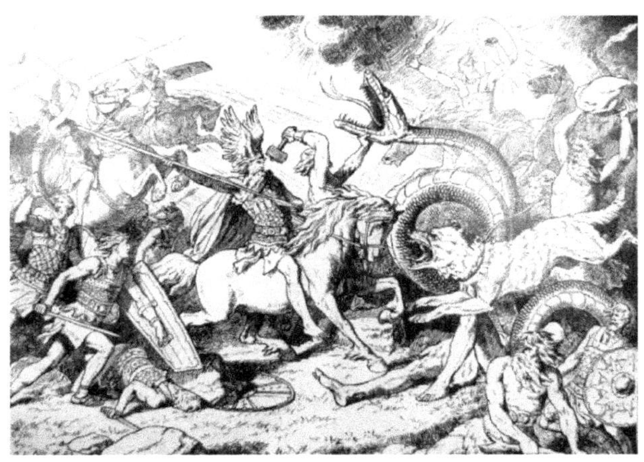

Dans la mythologie nordique, **Ragnarök** ou **Ragnarok** signifie le "*destin des puissances dominantes*", ce qui a été historiquement réduit au sens de "chute des dieux (et du monde)". Cela prendrait la forme d'une bataille finale entre les géants déchaînés et les dieux, au cours de laquelle le géant du feu Surt allume la mèche et détruit à peu près tout avec son épée enflammée. Avant cela, la plupart des dieux, géants et monstres ont déjà péri dans cette bataille cosmique.

Mais Ragnarok est à la fois un point final et un point de départ. Après la bataille, le monde sera ravagé par des catastrophes naturelles et finira par disparaître dans la mer, après quoi le monde émergera à nouveau d'un vert frais au-dessus des vagues. Les dieux renaîtront et le monde sera repeuplé par deux humains survivants.

Signification des noms

Il faut faire la distinction entre Ragnarök (ou Ragnarok) et Ragnarokr (avec end-r), car il existe une subtile différence de sens :

- **Ragnarök** : (vieux norrois "les *destins des puissances*" ; de *regin*, gén. pl. *ragna* = puissance dominante (dieu) + *rök* = cause, sens de l'origine, tournure des événements, comme encore familièrement *'den raak'* : être touché par le destin). Le terme *Ragnarök* indique comment les pouvoirs dominants se comportent du début à la fin. Ainsi les lois auxquelles semblent se conformer leur ascension, leur développement et leur disparition. On parle ici de l'histoire et de la chute des dieux, telles qu'elles sont exposées dans la Völuspá.

- **Ragnarøkkr** ou *Ragnarøkr (vieux norrois signifiant "*chute des pouvoirs*" ; de *regin*, gén. pl. *ragna* = pouvoir (dieu) + røkkr = ténèbres, d'où extinction, éclipse, chute). Ce terme est né d'une erreur d'interprétation de Snorri Sturluson du Völuspá, qui dans son interprétation de la Prose Edda écrit chaque fois *ragna rökr*. Il n'a ainsi amplifié que cette facette du concept original, à savoir la chute des dieux. Sur la base du travail de Snorri, cette facette a ensuite été élaborée en tant que "Götterdämmerung".

Il ne s'agit même pas seulement des "dieux", mais autant des Æsir que des Géants et autres créatures mythiques.

Ainsi, leur destin devient leur perte.

Il semble que l'on se soit de plus en plus éloigné du concept mythologique original. La mesure dans laquelle cela s'est produit sous l'influence du christianisme n'a pas encore été clarifiée. Ce qui est clair, cependant, c'est que Snorri a fait preuve d'une certaine prudence face au nouveau pouvoir christianisé et à l'évolution de l'opinion publique.

Il ne s'agit pas d'une lutte entre le bien et le mal, comme dans le sens chrétien, mais d'une lutte bien plus grande, celle entre l'ordre et le chaos, qui se fondent l'un dans l'autre. Le chaos dépasse le cosmos pour passer dans un nouvel ordre de création.

Les facteurs de la destinée divine

1. Un trio d'êtres puissants est apparu en tant que descendants de Loki et d'Angrboða en raison de la façon dont les dieux tentent de les retenir, à savoir Jörmungandr, Fenrir et Hel.
2. La mort de Baldr et la liaison de Loki.
3. Fimbulvetr L'hiver des hivers.

Ce sont des éléments qui jouent dans la manière dont le destin des puissances se développe du début à la fin. Il aboutira finalement à ce que les géants reprennent leur pleine puissance afin de détruire à nouveau tout l'ordre que les dieux avaient établi.

La Guerre des Dieux

La première guerre du monde fut celle entre les deux familles de dieux, les Æsir et les Vanen. Celle-ci avait une cause : les Æsir maltraitaient Gullveig (alias Goudroes), qui apportait de l'or au peuple. Cependant, les Æsir n'ont pas réussi à éliminer Goudroes, elle possédait un pouvoir magique Vanen. Il est probable que Goudroes et le Shining désignaient une seule et même déesse, à savoir Freya. Mais surtout, le grand château des Æsir a été détruit par les Vans, car les Æsir ne voulaient pas accéder aux demandes des Vans. Les Vans étaient incestueux et s'adonnaient donc à des pratiques pernicieuses pour les Æsir, c'est pourquoi les Æsir ont refusé d'accéder à la demande des Vans de distribuer les richesses de la terre. Ceci en guise de compensation pour les mauvais traitements infligés aux Goudroes. La guerre éclate, le château, toujours construit par Ask et Embla, est écrasé.

Serments

La paix fut signée, les Æsir envoyèrent Honir et Mimir aux Vanen, les Vanen envoyèrent Freyr, Njord et Freya aux Æsir pour ratifier la paix.

Il y a une autre version de cette partie de l'histoire : Mimir (Mijmeraar) fut décapité et la tête rendue aux Æsir.

Mais le plus important est qu'un géant, un hrmthurs, a proposé de reconstruire Asgard, à condition qu'il prenne Freya pour épouse. Les Æsir acceptent, à condition que la forteresse soit terminée dans les six mois. Le géant commence donc à construire et, à la grande consternation des Æsir, le château entier est terminé trois jours avant l'heure, seule la porte manquant.

Loki invente une ruse, cependant. Le géant construit la forteresse avec l'aide d'un étalon, et Loki attire l'étalon en se transformant en jument. Quand le géant réalise que Loki est derrière tout ça, il devient furieux. On fait alors appel à Thor qui, sans hésiter, assomme le géant, ignorant tout de l'affaire. D'un coup de Mjolnir, il bat le géant à mort. Mais les Æsir ont maintenant brisé leur serment, chose impardonnable dans la culture nordique, et cela est devenu un défaut de construction qui a entraîné la fin du monde.

Le destin, la mort de Balder

Que le monde périsse était une certitude depuis la création des premiers êtres, dans l'ancien monde de glace, de vide et de feu. Pourtant, en rompant leur serment, les dieux se sont engagés dans ce destin, et la mort de Balder l'a scellé.

En effet, un deuxième événement qui provoque la fin des temps est le meurtre de Baldr, fils d'Odin et Frigg, un être de lumière, d'innocence et de perfection. La mère voulait rendre l'enfant quasi invulnérable. Il y avait donc une vulnérabilité, (qui a aussi fait tomber des héros comme Achille et Siegfried). Elle avait demandé à toutes les créatures, arbres et plantes la promesse de ne jamais faire de mal à son fils. Mais elle avait oublié le gui, un bois fragile. Loki cherche l'endroit fragile, déguisé en vieille femme, qui obtient de Frigg qu'elle le connaisse. Il utilise Hodr, le frère aveugle de Baldr, comme instrument et lui fait tirer une flèche de gui en l'aidant à viser.

Baldr ne peut pas aller à Valhöll car il n'est pas mort honorablement sur le champ de bataille, il doit donc aller à Hel (le monde souterrain "ordinaire").

Frigg supplie tout ce qui existe au monde de laisser Baldr revenir dans le monde pour qu'il puisse ensuite se rendre à Valhöll. La condition de Hel est qu'alors tout le monde sur terre doit faire son deuil. Mais il y a un géant qui refuse de faire son deuil, à l'instigation de Loki.

Mais la mort de Balder entraînerait la création d'un nouveau monde, après la chute. Cela a peut-être aussi joué en faveur de Loki, lorsqu'il a fait tuer Balder en demandant à Hodr, l'aveugle, de tirer une flèche de gui sur son frère invincible, pour ainsi dire pour le jeu, avec l'aide de Loki.

Après le ragnarök, Balder se relèvera et deviendra le capitaine du nouveau monde. Alors que Loki était considéré comme Terminator (il était le dieu du feu, et la terre serait brûlée par l'épée flamboyante de Surt), Balder peut être considéré comme Beginner, et peut-être que les similitudes entre Jésus et Balder ont conduit à une acceptation plus rapide du christianisme. Balder, lui aussi, serait ressuscité.

Le scénario

Le Ragnarok sera précédé du Fimbulvetr. Trois hivers consécutifs sans été entre les deux conduisent à la disparition de toute moralité et à l'éclatement de conflits et de querelles.

Enfin, le loup Sköll ou Skalli, et son frère Hati dévoreront Sól (le Soleil) et son frère Mani (la Lune), après les avoir chassés pendant des siècles. Les

114

étoiles disparaissent du firmament et le monde est enveloppé d'une obscurité totale.

Au cours de ce processus, le monde tremblera si violemment que tous les arbres seront déracinés, toutes les montagnes s'effondreront et tous les pneus et lacets sauteront, libérant Loki, et son fils le loup Fenrir se débarrassera également de ses chaînes. La gueule baveuse de ce terrible loup s'ouvrira si largement que sa mâchoire inférieure raclera le sol et sa mâchoire supérieure le ciel. Et s'il y a de la place pour cela, il baillera encore plus fort. Des flammes dansent dans ses yeux et sortent de ses narines.

Alors que la terre est inondée, le navire heurte le radeau de Naglfar, fabriqué depuis le début avec les ongles des doigts et des orteils des morts.Le serpent Midgaard surgit des profondeurs de l'océan sur la terre ferme et, en s'agitant et en s'enracinant, il est submergé par les mers. À chaque souffle, elle émet du venin, brûlant la terre et l'air dans le venin.

Eggther, le gardien des Jötuns, sera assis sur l'ouverture de sa tombe en grattant sa harpe, avec un sourire sinistre. Le coq rouge Fjalar chantera pour les géants et le coq doré Gullinkambi pour les dieux. Un troisième coq, rouge rouille, ressuscitera les morts dans la demeure de Hel.

Dans tout ce tumulte, les fils de Muspell s'avancent en courant, Surt en tête. Ils tentent de traverser le pont Bifröst, mais celui-ci s'effondre. Garm, le chien de l'enfer qui était destiné à Gnipahellir, se détache également. Ils se rendent alors dans la plaine de Vigrid et rencontrent le Fenriswolf, le Midgaardsnake, Loki, Hrym (le timonier de Naglfar), tous les Hrimthursen (géants à cheval) et la suite de Hels. Ils s'y installent en position de combat.

Alors Heimdall se lève, de toute sa force il souffle dans le cor Gjallar si fort qu'il est entendu par les neuf mondes. Tous les dieux sont réveillés et se réunissent immédiatement pour délibérer. Ocin chevauche Sleipnir jusqu'au puits de Mimir pour demander conseil.

Alors, Yggdrasil, l'arbre du monde (dont la Voie lactée forme les branches supérieures), de la racine à la cime, rugit fiévreusement. Tout ce qui est sur terre, dans les cieux et dans les enfers s'agite.

Bataille finale

Les *Æsir* et tous les Einherjar (les héros de Valhöll tombés au combat) s'arment pour la bataille. Odin chevauche en tête avec sa lance Gungnir, son casque d'or et sa magnifique armure, suivi par cette armée de 432 000 héros (800 de chacune des 540 portes de Valhöll)).

Dans la bataille qui s'ensuit, Freyr combat Surtr, mais Freyr perd parce que (dans un autre mythe) il a donné son épée à Skirnir. Garm, le chien de l'enfer, s'empare de Tyr et Tyr le tue, mais il est tellement blessé qu'il ne vit que jusqu'à ce que le monde soit détruit par le feu.Thor parvient à tuer le serpent de Midgaard avec son marteau Mjolnir, mais à peine à neuf pas du serpent, il meurt de son venin.

Odin combat Fenrir avec sa lance pendant un long moment, mais est finalement avalé par le loup. Vidar pose alors son pied sur la mâchoire inférieure avec la semelle de sa chaussure en cuir sauvé et arrache la mâchoire supérieure avec sa main, tuant Fenrir.Loki combat Heimdall et les deux se vainquent également.

Enfin, Surt répand le feu à travers les neuf mondes, détruisant tout dans un incendie mondial complet. La structure terrestre finit par sombrer complètement dans l'océan primordial.

Mais l'équilibre entre l'ordre et le chaos est alors rétabli, de sorte que l'aïeul Fimbultyr peut permettre à un tout nouveau monde d'émerger.Dans celui-ci, les fils de Thor, Magni et Modi, rencontrent le fils d'Odin, Vidar, et Vali un nouveau paradis correspondant à l'ancienne Asgard. Baldr et Hödr reviennent du royaume de Hel.

Après Ragnarok

Le grain va mûrir sur les champs qui n'ont jamais été ensemencés. La prairie Idavoll, sur le site de l'Asgaard aujourd'hui détruit, a été épargnée. Le soleil refait surface sous le nom de Sol avant d'être à nouveau avalé par Sköll, qui donne naissance à une fille, aussi belle et forte qu'elle. Cette fille poursuivra son chemin dans le ciel.

Quelques dieux survivent à l'épreuve du feu : Le frère d'Odin, Vili, les fils d'Odin, Vidar et Vali, les fils de Thor, Móði et Magni, qui héritent du marteau magique de leur père, et Hœnir, qui balancera le bâton et prédit ce qui doit arriver. Baldr et son frère Hodr, qui sont morts avant le Ragnarok, reviendront de l'ancienne demeure de Hel et résideront dans l'ancienne salle de leur père Odin, le Valhalla au ciel. Lors de leur rencontre sur Idavoll, ces dieux s'assiéront alors ensemble et discuteront de leur savoir caché, notamment des maux Jörmungandr et Fenrir. Dans l'herbe ondulante, ils trouveront les jeux d'échecs en or qui appartenaient aux Æsir et les regarderont avec émerveillement. (Parmi les déesses, aucune n'a été explicitement mentionnée, mais on suppose que Frigg, Freya et la plupart des autres Vanir survivront).

Deux personnes vont également échapper à la destruction finale du monde en se cachant au plus profond d'Yggdrasil, là où l'épée de Surtr ne peut pas détruire. Ils sont Lif et Lifthrasir (*Vie* et *Vie*). Lorsqu'ils sortent de leur cachette, ils se nourrissent de rosée du matin et repeuplent le monde des humains. Ils honoreront leur nouveau panthéon, dirigé par Baldr.

Il restera de nombreuses salles pour accueillir les âmes des défunts. Selon la Prose-Edda, il existe un autre paradis au sud d'Asgard, appelé Andlang, et un troisième encore plus haut, appelé Vidblain. Ce sont des espaces à l'abri du feu de Surtrs. Selon les deux Edda, le meilleur endroit après le Ragnarok est Gimle, un bâtiment plus beau que le soleil, avec un toit d'or, dans le ciel. Là, les dieux vivent en paix avec eux-mêmes et les uns avec les autres. Il y aura une salle Brimir, une salle sur Okolnir ("*jamais froid*"), où l'on sert beaucoup de bonnes boissons. Et puis il y aura Sindr, un espace hall excellent, fait entièrement d'or rouge sur Nidafjoll (" les montagnes sombres "). C'est là que résideront les âmes des justes.

Enfin, la Prose Edda mentionne Náströnd ("*plage des corps*" ou *plage des cadavres*). Il s'agit d'un endroit tout aussi vaste et défavorable des enfers, où la lumière du soleil ne pénètre pas, dont toutes les portes sont orientées vers le nord, dont les murs et les toits sont faits de serpents tressés, la tête en dedans, crachant tant de poison qu'il coule à travers eux comme des rivières. C'est l'endroit où les briseurs de serment, les meurtriers et les dragueurs professionnels doivent patauger à jamais.

Et dans le pire endroit de tous, Hvergelmir, le chaudron cosmique bruyant, le dragon Nidhoggr - autre puissance survivante du Ragnarok - fera le malheur des corps des morts en suçant leur sang.

L'ensemble de l'histoire, cependant, n'est pas le récit d'une fin définitive dans une soi-disant "fissure finale", mais le reflet d'une vision optimiste du cours cyclique des choses. Après chaque cycle, une purge a eu lieu, et avec les connaissances et l'expérience générées, une nouvelle "tentative" cosmique est faite avec ce qui reste essentiellement toujours.

Ratatoskr

Dans la mythologie nordique, **Ratatosk** est l'écureuil qui transmet des messages entre l'aigle Vidofnir, qui est assis haut dans l'arbre Yggdrasil, et le dragon Nidhogg, qui ronge les racines de l'arbre. Ratatosk fait des allers-retours entre les deux pour transmettre des malédictions à l'autre. Grímnismál le mentionne au verset 32.

A l'origine, Ratatosk était considéré comme le messager. Des descriptions ultérieures ont ajouté qu'il déformait également les messages de Nidhogg et de l'Aigle, semant ainsi la discorde entre les deux bantams. Son surnom est alors également devenu "le semeur de torsions".

Sif

Déesse des récoltes et de la terre

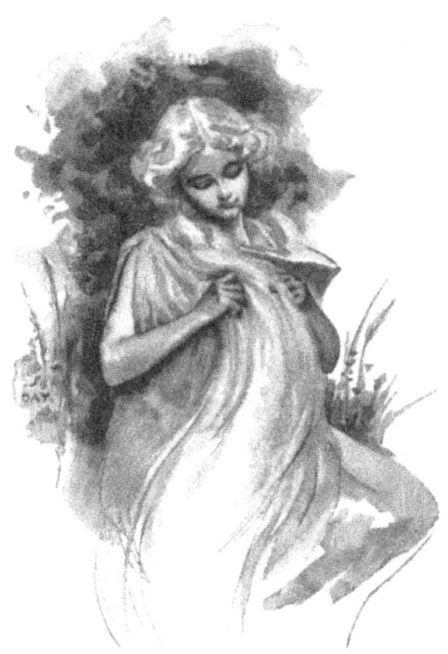

Sif (signification : *Sibbe*) dans la mythologie nordique est l'Asin de l'agriculture et de la fertilité. Elle est la fille d'Odin et l'épouse de Thor.

Ensemble, ils ont eu une fille Thrud ("force") et un fils Modi. L'archer rapide Ullr, fils d'une précédente relation, les a amenés dans le mariage.

La chevelure dorée représente probablement le maïs mûr.

Sigi

L'ancêtre de la lignée Volsung

Dans la mythologie nordique, **Sigi** est le grand-père de Völsung, le géniteur de la célèbre lignée des Völsung, à laquelle appartiennent Sigmund et son fils Sigurd. Sigi, selon la saga Völsunga, est le fils d'Odin et le père de Rerir. Il a été tué par ses beaux-frères.

Dans le prologue de la Prose Edda, il est mentionné qu'il a régné sur Frakland (le pays des Francs). Et son nom apparaît dans le Nafnapulur, la dernière partie du Skáldskaparmál du même Proza Edda. La saga Völsunga mentionne le Hunaland, qui fait référence à la fois aux territoires des Francs (*Hugones* en latin, *Hugas* en vieil anglais) et des Huns.

Sigi, un des fils d'Odin, a tué l'esclave Bredi au cours d'une chasse au cerf parce qu'il avait abattu plus d'animaux que lui. Sigi enterra Bredi dans une montagne de neige, mais le meurtre se réalisa quand même et il dut quitter le pays. Odin, par pitié, lui donna un bateau et des compagnons, et Sigi dirigea le royaume des Huns ailleurs, jusqu'à ce qu'il soit tué par les frères de sa femme. Lorsqu'il revint d'un lointain voyage, son fils Rerir découvrit ce qui s'était passé, se vengea et devint le nouveau souverain.

Sigyn

Également orthographié Siguna.

Déesse de la terre

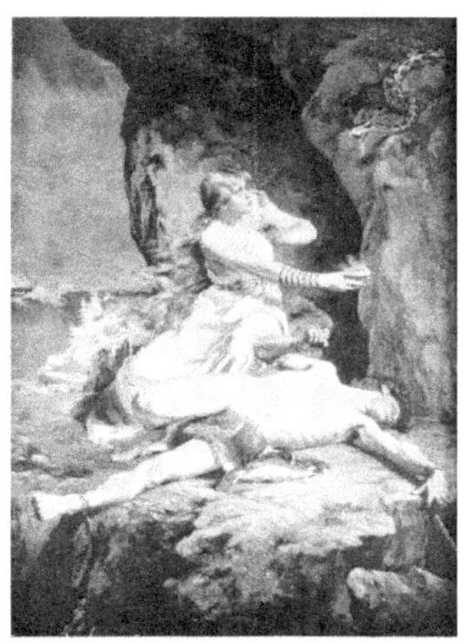

Sigyn ou *Sigunn*, dans la mythologie nordique, est l'épouse du dieu Æsir Loki, qui lui a donné deux fils, Narfi et Vali.

Enfin, lorsque Loki fut attaché à trois rochers par les Æsir pour l'empêcher de commettre d'autres méfaits après avoir assassiné Baldr, c'est elle qui tenta d'apaiser ses souffrances. Au lieu de l'abandonner, elle alla avec une coupe pour attraper le venin mordant qui coulait de Jormungandr sur lui. Chaque fois que le bol était plein, Sigyn devait le quitter un moment pour aller le vider et le venin s'écoulait alors dans ses yeux.

Selon certaines sources, la signification de son nom est "donneur de victoire".

Sleipnir

Sleipnir est un étalon à huit pattes de la mythologie nordique, immensément fort et le cheval le plus rapide qui existe. Il est le cheval d'Odin et, selon la tradition, il l'a porté à travers les cieux et dans les enfers. Sleipnir est l'enfant de Loki et de Svadilfari. On dit que Sleipnir a fait l'Islande lors de son premier pas sur terre.

Sleipnir aurait aussi tué plus tard sa "sœur" Hel, mais il est mangé pendant le Ragnarok (fin des temps) par son "frère" Fenrir, le loup géant. Tous les enfants de Loki ont une chose en commun, ce sont des monstres, bien que Sleipnir soit la seule bonne créature.Odin gagnera aussi plus tard Sleipnir lors d'une course avec un géant.

Naissance de Sleipnir

Lorsque le dieu du tonnerre Thor détruisait les géants dans le nord, un géant du gel déguisé est venu s'offrir à Asgaard. À condition qu'on lui donne le soleil et la lune et qu'on lui permette de faire de Freya sa femme, il restaurerait les murs détruits d'Asgaard en six mois. Les dieux acceptèrent, supposant que ce géant ne pourrait jamais accomplir cette tâche ardue en si peu de temps. Ce faisant, le géant du gel demanda s'il pouvait utiliser son cheval, Svadilfari, dans ce but. C'est Loki qui a accepté, avant même que les autres dieux ne puissent répondre.

Lorsque le géant eut presque terminé la forteresse jusqu'à trois jours avant l'heure - il ne lui restait plus qu'à ajouter la porte - les dieux étaient furieux contre Loki. Après tout, ils allaient perdre le soleil, la lune et Freya, et voulaient torturer Loki pour toujours. Loki, cependant, a imaginé une ruse. Il se transforma en jument blanche et attira Svadilfari loin du géant du froid. Cela mit ce dernier tellement en colère qu'il commença immédiatement à démolir à nouveau les murs d'Asgaard. C'est alors que Thor revint et frappa le géant à mort avec son marteau Mjölnir.

Plus tard, Loki donna naissance à Sleipnir, le descendant de Loki et du cheval Svadilfari.

Sol et Mani

Personnification du soleil et de la lune

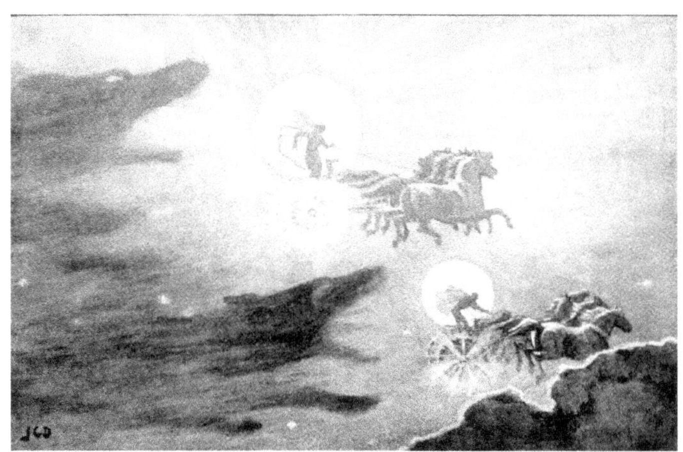

Sól est comptée parmi les Asinnen. Cette déesse du soleil de la mythologie nordique, comme son frère le Dieu Lune (Máni), est poursuivie par les loups. Sól se déplaçait chaque jour sur son char tiré par les deux chevaux Arvak et Alsvid. Elle était poursuivie par le loup Sköll, qui voulait la dévorer. Pendant une éclipse solaire, on pense que Sól a failli être mangée par Sköll. Sól serait finalement avalée, mais sa place serait alors prise par sa fille.

Le soleil lui-même était appelé Alfrodull, ce qui signifie autant que "Alfenrad". Dans la croyance nordique, le soleil lui-même ne donnait pas de lumière ; celle-ci était donnée par les lunes Alsvid et Arvak.

Le nom *Sól en* vieux norrois signifie "soleil". Dans la mythologie germanique, le deuxième sort de Merseburg mentionne *Sunna* (vieux haut allemand pour "soleil"). En outre, elle est également connue sous le nom de *Sunne*. Son nom anglo-saxon est *Sigel*.

Sól est la fille de la géante Mundilfari qui était mariée à Glaur. Elle était mariée à Glenr.

La terre est protégée de la chaleur du soleil par Swalin qui se tenait entre Sól et la terre comme un bouclier.

Máni

Máni est la personnification de la lune dans la mythologie nordique. Le mot vieux norrois *máni* signifie simplement "lune".

Dans le Vafþrúðnismál et dans le Gylfaginning, Mundilfari est son père et Sól, le soleil, est sa soeur. Snorri Sturluson raconte dans le Gylfaginning que le loup Hati poursuit la lune dans le ciel et finit par la dévorer. Le loup Sköll dévorera ensuite le soleil (Sól).

Surtr

Surt (vieux norrois *surthr* "le noir" ; également *Surtr*, *Surtur*), dans la mythologie nordique, est le géant du feu qui vit à Muspelheim. Il garde l'entrée de ce monde de feu avec l'épée flamboyante Surtalogi, qui mettra plus tard le monde à feu et à sang. Le nom de sa femme est Sinmore. Surt est parfois considéré comme le fils de Svart et est l'ennemi numéro un des Cendres.

Dans le récit de la création en vieux norrois, Muspel est mentionné comme le souverain de Muspelheim ; il est probable qu'ils soient identiques. Dans le Ragnarök, il divise avec son épée de feu le pont Bifröst, le lien entre Midgard et Asgard. Avec les fils de Muspel (les *Surts*), il met le feu au monde, projetant le feu dans toutes les directions et détruisant toute vie (Feu du monde). Il tue ensuite également en duel Freyr, dieu de la fertilité et de la vie, qui n'est pas armé.

Les textes connus ne parlent jamais de ses origines. Il semble avoir toujours été là. Les flammes, en revanche, sont à l'origine de la création, car lorsque le feu de Muspelheim a rencontré les brumes de Niflheim, elles ont fourni la genèse de l'hermaphrodite Ymir et de la vache primordiale Audhumla.

Svartalfer

Dans la mythologie nordique, les **svartalfer** (elfes noirs, généralement traduits par elfes de la nuit) sont les homologues des elfes de lumière. Les elfes de lumière vivent à Alfheim, les svartalfer à Svartalfheim.

Selon la mythologie nordique, les *svartalfer* sont maléfiques. Ils ressemblent aux humains, mais sont aussi noirs que la nuit.

Les svartalfer sont souvent confondus avec les nains, et leur royaume avec le royaume des nains, Nidavellir. Pourtant, il existe des différences distinctes. Par exemple, les nains - contrairement aux elfes de la nuit - sont généralement bienveillants. De plus, les nains vivent à Nidavellir, et non à Svartalfheim. Dans le folklore anglais, les elfes de la nuit étaient appelés "gobelins", ce qui se traduit par "terrien". Après la christianisation des Vikings, avec laquelle leur mythologie est également tombée dans l'oubli, le gobelin anglais a continué d'exister, mais sa malveillance s'est atténuée avec le temps, jusqu'à ce qu'il devienne juste un farceur agaçant.

Svaðilfari

Svadilfari (qui signifie "Voyageur malchanceux") est un cheval géant de la mythologie nordique qui pouvait travailler comme aucun autre. Il est également le père de Sleipnir.

Un jour, les dieux ont décidé que l'Asgard devait être protégée par un mur. Cependant, ils n'avaient eux-mêmes aucune envie de commencer cet énorme travail. C'est alors que se présenta un géant qui était prêt à faire le travail. Il proposa d'achever le travail en trois ans et demi, mais en échange, les dieux devaient lui donner Freya la déesse de l'amour, comme épouse.

Les dieux pensèrent d'abord qu'il s'agissait d'une proposition scandaleuse (ils étaient attachés à leur déesse de l'amour) mais décidèrent finalement de laisser le géant faire le travail sur les conseils de Loki. Ce dernier suggéra que le géant commence le travail, mais comme trois ans et demi seraient bien trop courts, ils pourraient se débarrasser du géant après cette période et ils n'auraient qu'à finir une partie du mur eux-mêmes.

Mais cela dépassait les capacités du cheval du géant. Svadilfari s'avéra si fort que le travail avança à un rythme effréné. Comme les dieux ne voulaient pas perdre "leur" Freya, il fallait trouver un plan. Loki offrit son salut et se transforma en jument. La nuit, il attira Svadilfari de cette façon et le priva de son sommeil.

Pendant la journée, l'étalon était tellement fatigué qu'il travaillait beaucoup plus lentement. De cette façon, le géant n'a pas réussi à terminer le travail dans le temps imparti et les dieux se sont débarrassés de lui.

Cependant, la jument Loki était enceinte de Svadilfari et Wodan interdit à Loki de reprendre sa forme normale et lui ordonna de terminer sa gestation et de mettre le poulain au monde. Ce poulain devint le célèbre étalon à huit pattes de Wodan, Sleipnir.

Tanngrisnir et Tanngnjóstr

Dans la mythologie nordique, **Tandgniostr** et **Tandgrisnir** (*grattoir* et *grattoir*, également appelés **Tanngnjóstr** et **Tanngrisnir**) sont les deux chèvres ou boucs qui tirent le char de Thor.

Thor peut manger les chèvres, puis remettre les os dans leur peau. Avec Mjölnir, il ramène les animaux magiques à la vie le lendemain matin pour qu'ils puissent à nouveau tirer le char.

Dans *Thor et Loki à Jotunheim,* les chèvres sont abattues par Thor. Il les ramène à la vie le lendemain, mais l'une des chèvres s'avère être paralysée. Grâce à une ruse de Loki, Thialfi a sucé la moelle d'un os. Le fermier donne alors à ses enfants Thialfi et Röskwa comme expiation en tant que serviteurs de Thor.

Thor

Également orthographié Thorr, Thunor, Thonar, Donar, Donner, Thur, Thunar, ou Thunaer.

Dieu de la force, de la protection, de la guerre, des tempêtes, du tonnerre et des éclairs.

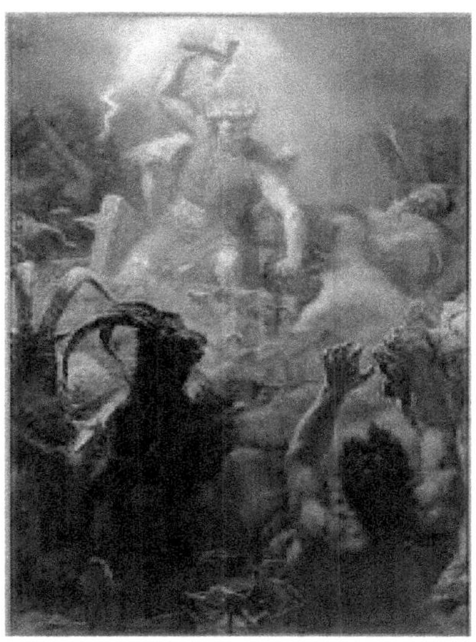

Thor (runique : þonar ᚦᛟᚾᚨᚱ), dans la mythologie germanique continentale **Donar**, en vieux norrois Þórr, en vieux saxon **Thunaer** ou **Thunar,** et également connu sous le nom de Stavo est le dieu du tonnerre dans la mythologie nordique et germanique. Il est le fils d'Odin et de la déesse de la terre Fjorgyn.

En tant qu'enfant, il était fort et, de plus, difficile à élever. Il fut donc élevé par deux esprits de la foudre, Vingnir et Hlora. Il devint un homme énorme, presque un géant, avec une force égale, et son marteau Mjölnir le rendit encore plus fort.

Thor s'est lié d'amitié avec Loki et son passe-temps favori était de tuer des géants. Il représente l'ordre face au chaos.

Histoires

Ces deux traits se retrouvent dans Þrýmskviða, dans lequel le géant Þrymr vole le marteau de Thor. Þrymr n'est prêt à le rendre que s'il prend pour épouse Freya, la déesse de la fertilité. Cela est bien sûr impossible, car sans Freya, l'été n'arriverait jamais (les Teutons ne connaissaient que l'été et l'hiver), et Loki a donc élaboré un plan. Il a emprunté la robe en plumes de Freya et l'a fait enfiler à Thor. Habillé en femme, Thor, accompagné de Loki, se rendit à Útgard, au pays des Jötun, où ils furent chaleureusement accueillis par Þrymr, car ce dernier pensait que Thor était Freya ; cette partie du plan réussit donc. Mais Thor mangeait et buvait tellement que les géants le remarquèrent. Loki, cependant, expliqua que Freya était si heureuse d'être mariée au célèbre Þrymr qu'elle n'avait pas mangé depuis sept jours et sept nuits. Peu après, lorsque les géants furent suffisamment ivres, il demanda à donner le marteau et sur ce, Thor frappa à mort tous les géants présents.

Tyr raconte à Thor le chaudron d'Hymir et ils rencontrent la grand-mère de Tyr avec neuf cents têtes. Les deux sont d'abord cachés par la femme quand Hymir rentre à la maison et un festin s'ensuit. Thor mange deux taureaux. Cependant, il doit fournir de la nourriture le jour suivant et capture un dragon (ou serpent), le serpent de Midgaard Jormungandr, avec la tête d'un bœuf. Thor doit ensuite briser une coupe, mais échoue. Suivant le conseil de la femme, il lance la coupe contre la tête du géant, et l'objet se brise. Thor, accompagné de Tyr, emporte le chaudron chez lui.

On trouve également dans l'Hymiskviða, un autre chant de l'Edda, des histoires fortes sur Thor. Là aussi, il se fait connaître comme un mangeur excessif. Peut-être a-t-il ce trait de caractère pour montrer qu'en fait, il n'est pas inférieur aux géants, qui sont des Jötnar (mangeurs) et des Thursten (buveurs) de tout ce qui est disponible. Dans Thor et Loki à Jotunheim, Thor et Loki se voient confier des tâches impossibles.

Dans Alvíssmál, un nain (Alvis, alias Alwis) se fiance à Þrúðr (la fille de Thor). Lorsque Thor rentre chez lui après huit mois, il ne trouve pas que c'est un compagnon convenable pour elle. Il décide alors de poser des questions au nain et celui-ci y répond. Puis le soleil se lève et le nain se pétrifie.

Wodan (sous le nom du passeur Barbe-de-Cheveux ou Barbe-Gris) rencontre Thor lorsqu'il veut traverser la rivière. Barbe-cheveux n'est autorisé à faire traverser les âmes honnêtes que sur le bateau de Loup de bataille. Thor prétend être le fils de Wodan, avoir tué le géant Berggevaarte et avoir remporté de nombreuses autres batailles. Wodan raconte ses aventures avec les femmes. Après une longue discussion pleine de dérision, il refuse toujours de faire traverser la rivière à Thor.

Mjolnir de Thor

Egalement orthographié Mjollnir.

Le marteau magique de Thor

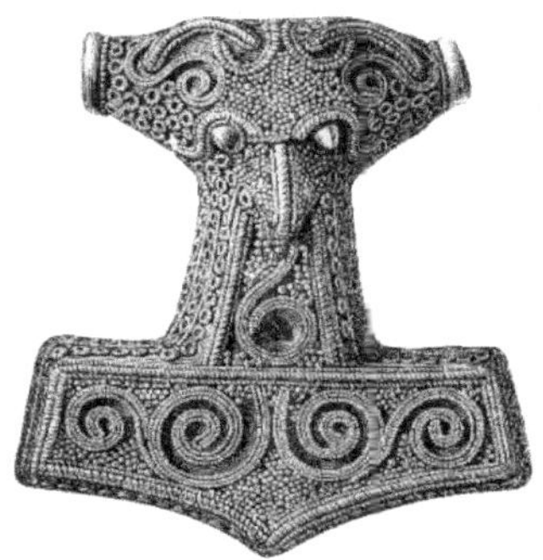

Mjölnir, **Mjöllnir** ou **Mjollnir** dans la mythologie nordique est le marteau de guerre de Thor, le dieu du tonnerre. Le marteau a été fabriqué pour lui par les nains Brokkr et Eitri, qui fabriquaient des objets magiques pour les dieux. La signification du nom est controversée et va de "pulvérisateur" à "coup de tonnerre".

Caractéristiques

On disait de Mjölnir qu'il ne manquait jamais sa cible et que, lorsqu'il était lancé, il revenait dans la main droite de Thor, qui portait un gant de fer. On disait également que le marteau était si lourd que seul Thor lui-même pouvait le soulever. En balançant rapidement le marteau, en le relâchant et en l'attrapant au dernier moment, Thor pouvait "voler" et ainsi se déplacer sur de grandes distances, y compris aller et venir à Asgard, le royaume des dieux nordiques. En raison de Thor, qui était également le protecteur du mariage, Mjölnir était également considéré comme le symbole du mariage, voire comme un symbole érotique.

Mjollnir était très redouté par les géants des glaces, les ennemis des dieux, car Thor avait détruit de nombreux géants des glaces avec lui, dont le grand géant Hrungnir.

Le pouvoir du Mjölnir était connu et craint même par les géants d'Utgard, car Thor avait frappé trois vallées profondes dans leur pays avec une colère croissante, pensant punir le géant insolent Skrymir.

Selon le chant Eddal Þrýmskviða, Mjölnir fut un jour volé par le géant
Þrymr, qui exigea le mariage avec la déesse Freya en compensation du
marteau. Thor se déguisa alors en Freya, et Loki en son serviteur. Par
deux fois, Þrymr faillit découvrir qu'il avait été trompé, mais finalement il
envoya chercher Mjölnir, après quoi Thor tua le géant et sa suite.

Selon la croyance populaire, il tonnait et s'illuminait chaque fois que Thor
lançait son marteau. Le marteau était censé être l'un des trois cadeaux
parfaits pour les dieux, mais on dit que le manche du marteau était trop
court d'un pouce, car Loki, déguisé en frelon, a poignardé le nain Brokkr
au front pendant sa fabrication.

Origine

Le motif de Mjölnir comme cause de la foudre est présent dans toute
l'Europe du Nord, c'est-à-dire chez les Celtes, les Teutons, les Baltes et
les Slaves. Par exemple, le mot *Mjölnir* est lié au vieux norrois *myln* " feu
", au gallois *mellt, mellen* " foudre ", au vieux prussien *mealde* " foudre " et
au russe *mólnija* " foudre ". En letton, on trouve le mot *milna* " marteau du
dieu du tonnerre Perkuns ", qui correspond bien à Mjölnir, tant dans sa
forme que dans sa signification. Les indo-européanistes supposent donc
que les différents mots remontent à une seule forme primitive, à savoir
meldʰnio- ou *mldʰnieh₂-*. Il en va de même pour les dieux du tonnerre
associés, avec l'hypothétique dieu du tonnerre indo-européen sous-jacent
Perkwunos.

Le nom de *Mjölnir* a également été interprété, d'un point de vue
étymologique, comme signifiant " broyeur " au sens de " pierre à moudre ",
dans la mesure où il pulvérise totalement ce contre quoi il est tourné.

Symbolisme

Mjölnir était simultanément porté autour du cou comme amulette pour
symboliser Thor (voir image). Plusieurs formes d'amulettes en forme de
marteau ont existé (et existent toujours), comme le *marteau Schonen*.

À l'époque de la transition entre le paganisme et le christianisme, on a
trouvé en Scandinavie des amulettes qui pouvaient être considérées
comme une croix ou un marteau de Thor. À cette époque de transition,
l'amulette de Thor (le marteau de Thor) était considérée publiquement
comme un signe d'adhésion à l'ancienne foi.

Tyr

Également orthographié Tiw.

Dieu de la guerre, de la justice dans la bataille, de la victoire et de la gloire héroïque.

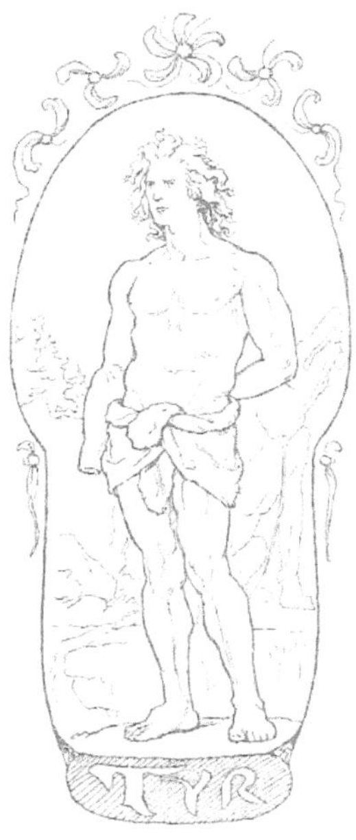

Týr (prononcé *tuur*) est le dieu de la justice dans la mythologie nordique. Il est le fils d'Odin et de Frigg.

Nom

Le nom vieux norrois *Týr* est une continuation du mot germanique primitif (reconstruit) **Tīwaz*. En vieil anglais, il était appelé *Tīw* ou *Tīg*.

Les noms germaniques pour les mardis sont souvent dérivés des noms de ce dieu.

Parenté

Týr est apparemment un peu à l'écart des relations familiales des dieux de l'Ancien Norse. Une épouse n'est presque nulle part mentionnée dans la littérature de l'Ancien Norse et il y a une ambiguïté sur son père.

Caractéristiques

Týr est le dieu derrière la rune du même nom, ou rune *T* (une flèche pointant vers le haut). La rune *T* appartient à Týr et représente la justice, la discipline, le sacrifice de soi et c'est une rune de guerrier.

Týr est le père du ciel et personnifie le soleil. En outre, en tant que dieu de l'épée et de la lance, Týr est également le dieu de la guerre. Týr apporte la justice, l'honneur, le courage et la sagesse dans la bataille. Puisque Týr rend la justice, il est également le dieu de la "chose" (l'assemblée du peuple germanique).

Týr était l'un des principaux dieux germaniques au début de notre ère, étant comparé à Zeus dans la mythologie grecque. Plus tard, à l'époque des Vikings, il a été quelque peu relégué au second plan. Odin est devenu le dieu le plus populaire et donc le plus important. À la fin des temps (Ragnarok), Týr tuera le chien de l'enfer Garmr.

Puisque Týr était autrefois un dieu si important, il est probable qu'il soit la continuation d'une divinité indo-germanique plus ancienne. Toutefois, le lien avec les noms de divinités Zeus et Dyaus et avec des mots tels que le latin "deus" et le français "dieu" n'est pas assez évident pour qu'on puisse parler d'une parenté immédiate.

Edda

Dans l'Edda, Týr parle à Thor du chaudron d'Hymir et ils rencontrent la grand-mère de Tyr avec neuf cents têtes. Les deux sont d'abord cachés par la femme quand Hymir rentre à la maison et un festin s'ensuit. Thor mange deux taureaux. Cependant, il doit fournir de la nourriture le jour suivant et attrape un dragon (ou un serpent) avec la tête d'un bœuf. Thor doit ensuite briser une coupe, mais échoue. Suivant le conseil de la femme, il lance la coupe contre la tête du géant et l'objet se brise. Thor, accompagné de Tyr, emporte le chaudron chez lui.

Équivalents

Le dieu grec Ares, Ziu et Mars.

Saxnôt

Le Romain Tacite, dans sa *Germanie* (vers 98 après J.-C.), comparait les dieux germaniques aux dieux romains. Ainsi, Wodan (Odin) était considéré comme Mercure (d'où mercredi/mercredi/mercredi) ; Donar (Thor) était comparé à Hercule (fils de Jupiter) (jeudi/thursday/jeudi) et Tiwaz (le Saxnôt) à Mars (mardi/mardi/mardi).

Tyrfing

Tyrfing était une épée magique mentionnée dans un poème de la saga Hervarar. Le nom est également utilisé pour désigner les Goths, et le nom *Tervingi* était utilisé par les Romains au IVe siècle.

Svafrlami, petit-fils d'Odin, était roi de Gardariki. Il réussit à capturer les nains Dvalin et Durin lorsqu'ils quittèrent leur rocher où ils vivaient. Il les força à forger une épée avec une poignée en or qui ne manquerait jamais sa cible, qui ne rouillerait jamais et qui couperait la pierre et le fer aussi facilement que les vêtements.

Les nains fabriquèrent cette épée, et elle étincelait et brillait comme le feu. Mais par vengeance, ils ont maudit l'épée de sorte que chaque fois qu'elle était tirée, quelqu'un devait mourir à cause d'elle. On disait aussi qu'elle était la cause de trois grands maux. La malédiction signifiait également que l'épée serait la cause de la mort de Svafrlami lui-même.

Lorsque Svafrlami a appris la malédiction, il a essayé de tuer Dvalin, mais le nain a disparu dans la roche, et l'épée a été enfoncée profondément dans les pierres, manquant sa cible.

Svafrlami a été tué par le berserker Arngrim, qui lui a pris l'épée. Après Arngrim, l'épée fut portée par ses fils Angantyr et ses onze frères. Ils ont tous été tués à Samsø par le champion suédois Hjalmar et son frère juré norvégien Orvar-Odd. Hjalmar, blessé par Tyrfing, n'a que le temps de chanter son chant de mort et de demander à Orvar-Odd de porter son corps à Ingeborg à Uppsala.

Fille d'Angantyr et de sa femme Tofa, Hervor a grandi comme un serf, ignorant tout de sa lignée. Cependant, lorsqu'elle apprend sa lignée, elle s'arme en tant que jeune fille bouclier et part à Munarvoe à Samsø à la recherche de l'épée naine maudite. Elle finit par la trouver et après de nombreuses batailles guerrières, elle se lasse de la vie de guerrier et épouse Hofund. Ils ont deux fils : Heidrek et Angantyr. Lors d'une querelle, Heidrek tue son frère Angantyr avec une pierre. Son père Hofund l'expulse mais Hervor donne secrètement l'épée Tyrfing à son fils.

Heidrek devint roi des Goths en les conquérant au roi Harald. Avec sa fille Helga, il eut un fils qu'il nomma d'après son grand-père : Angantyr. Il eut également un autre fils avec Sifka, la fille du roi hun Humli : Hlöd et une autre fille avec Hergerd, la fille du roi Hrollaug : Hervör.Lors d'un voyage, Heidrek campa près des Carpates. Il était accompagné de neuf serviteurs.

Cependant, alors que Heidrek dormait, les serviteurs s'introduisirent dans sa tente, prirent Tyrfing et tuèrent Heidrek. Ce fut la dernière des trois mauvaises actions de Tyrfing. Le fils de Heidrek, Angantyr, attrapa les esclaves, les tua, prit l'épée et la malédiction fut levée.

Angantyr devint le prochain roi des Goths, mais son demi-frère illégitime Hlod (Hlöd, Hlöðr) demanda la moitié du royaume. Angantyr refusa et Gizur reprocha à Hlod d'être un bâtard et sa mère une esclave. Hlod et 343 200 Huns montés envahissent le royaume. Les Huns sont bien plus nombreux que les Goths, mais ces derniers gagnent car Angantyr utilise Tyrfing pour tuer son frère Hlod. L'énorme quantité de cadavres obstrue les rivières, provoquant une inondation qui remplit les vallées de cadavres d'humains et de chevaux.

Ull

Un dieu associé aux skis et à l'arc

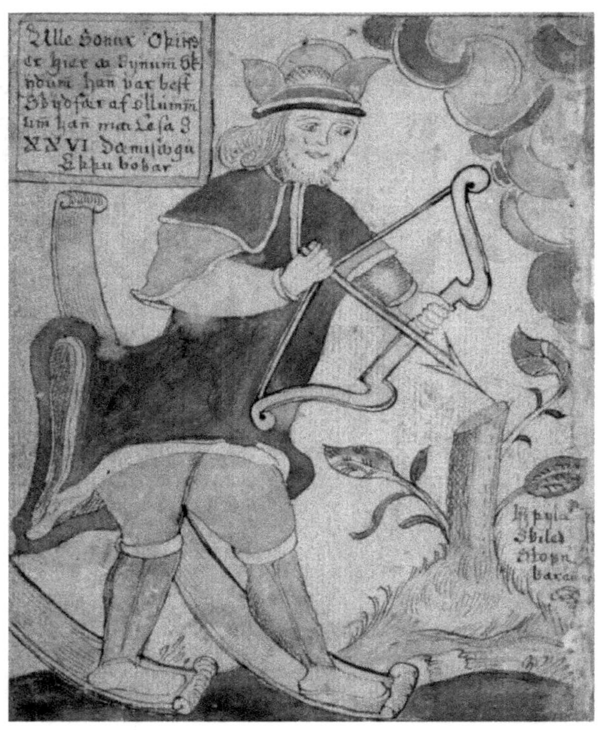

Ullr (vieux norrois, également appelé Ull, Holler, Oller, Uller ou Vulder, vieux haut allemand *Wulder*) est dans la mythologie nordique le onzième Ase et le dieu de l'hiver, de la chasse, du duel, des prés et des champs. Il est un si bon archer et un si bon tireur que personne ne peut rivaliser avec lui. Il est beau à voir et c'est un guerrier exceptionnel. Il est bon de l'invoquer lors d'un combat en duel.

Ullr vit dans sa propre salle Ydalir (vallée de l'if).

Les chercheurs soupçonnent qu'il s'agit d'une divinité très ancienne, ce qui souligne sa relation avec la magie. Dans de nombreuses régions, Ullr était vénéré comme le dieu principal. (Phillipson, "Die Genealogie der Götter")

Il apparaît plus tard dans l'Edda comme le fils de Sif et le beau-fils de Thor.

Au XXe siècle, Ullr a été redécouvert et est donc porté jusqu'à ce jour sous forme de médaillon comme talisman par les skieurs. Le médaillon est alors généralement sculpté dans la rose des bois d'un cerf ou d'un chevreuil. Il est percé et fixé à la ceinture par les randonneurs à l'aide de lanières de cuir.

La remarque de Snorri selon laquelle un bouclier peut également être appelé *le navire d'Ullr* est étayée par des connotations telles que *askr Ullar*, *far Ullar* et *kjóll Ullar* qui signifient toutes *"le navire d'Ullr"* et font référence à des boucliers. L'origine de ce kenning n'est pas connue, mais elle pourrait être liée à l'identité d'Ullr en tant que dieu du ski. Plus tôt, les skis, ou patins, auraient été issus de boucliers. Une composition islandaise plus tardive, *Laufás-Edda*, fournit l'explication prosaïque que le navire d'Ullr était appelé *"Skjöldr"*, *bouclier*.

Par conséquent, le nom d'Ullr apparaît plus souvent dans les annonces de guerre :

> *Ullr branding* - Ullr de l'épée - guerrier
>
> *edge-Ullr* - shield-Ullr - guerrier
>
> *Ullr almsíma* - Ullr de la corde de l'arc - guerrier

Trois poèmes de skalden, Þórsdrápa, *Haustlöng* et un extrait d'Eysteinn Valdason, font référence à Thor comme beau-père d'Ullr et confirment les informations de Snorri.

Útgarðar

Dans la mythologie nordique, **Útgard** (ou Buitenplaats) est la zone raréfiée de Jotenheim, le château des Thursen et des Joten. On raconte de ce lieu qu'il y faisait sombre, et probablement froid, car les géants se pétrifiaient à la vue du soleil.

Dans *Thor et Loki à Jotunheim, les* dieux enseignent qu'Útgard était une illusion inventée par les géants pour les effrayer.

Valhalla

Le hall des guerriers tombés au combat

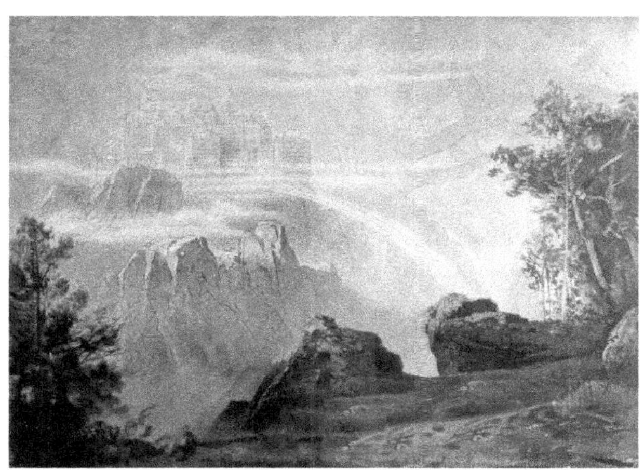

Le Valhalla (du vieil islandais *Valhöll*) signifie littéralement *salle (höll, halla) pour les déchus (fall, shore)*. Dans la mythologie nordique, le Valhalla était un paradis spécial réservé aux morts au combat. Pour les Vikings, être tué au combat était le plus grand honneur qu'un homme pouvait recevoir.

Selon les Vikings, le Valhalla était le royaume du dieu Odin. Les Vikings croyaient que les héros d'Odin (einherjar) mouraient chaque jour au combat pour être ramenés le soir du champ de bataille au Valhalla par les guerrières d'Odin, les Walkuren. Là, ils étaient régalés de porc (les sangliers Andrimner, Särimner et Eldrimner) et de vin de miel. Chaque matin, les guerriers repartaient au combat pour être à nouveau tués.

Les Vikings étaient convaincus que le Valhalla était un immense hall situé à Asgard. Ses dimensions étaient phénoménales. Selon le Grimnismál, le Valhalla aurait 540 salles avec 540 portes. De chaque porte, 800 guerriers pouvaient attaquer (432 000 guerriers). Les murs étaient constitués de lances, le toit était fait de boucliers et sur les bancs se trouvaient des armures. Devant les portes occidentales étaient suspendus des loups surmontés d'un aigle dégoulinant de sang. Le Valhalla était entouré par le fossé Tund (rivière de feu) et gardé par le loup-garou (loup humain) Tjodvitner, qui pêchait des humains dans la rivière. Sur le toit se trouvaient un cerf, Oak Thorn, et une chèvre, Heiðrun, qui se nourrissaient tous deux de l'arbre Læraðr (souvent considéré comme l'arbre du monde Yggdrasil). La chèvre Heiðrun produisait l'hydromel que les guerriers buvaient. Des bois du cerf s'écoulait l'eau de Laerad à Hvergelmir, la source de toutes les eaux. Certains des guerriers tombés au combat ont également séjourné à Vingólf ("maison amie").

Wodan (avec l'aide de la femme de la terre Strife Joy et du serpent Doorbek) a récupéré la boisson rajeunissante de la pluie de printemps à Valhalla après que les géants l'aient volée.

Tous les morts ne sont pas allés à Odin, Freya a obtenu la moitié des morts, ils sont venus à Folkvangr (Champ du peuple).

Outre le Valhalla, il existait un autre royaume des morts, le Niflhel, destiné aux malades, aux personnes âgées, aux femmes et aux hommes décédés de mort naturelle. Ce monde était guidé par la déesse Hel. L'entrée était gardée par le chien Garmr.

Vali

S'écrit aussi Ali.

Dieu de la vengeance

Vali était un fils d'Odin et destiné à venger la mort de Balder en tuant Hodr.

Il est passé de nourrisson à adulte en un jour et a tué Hodr sur le coup. Avec son demi-frère Vidar, il survivra au Ragnarok.

Ce Vali est souvent confondu avec un autre Vali, qui était le fils de Loki et Sigyn et le frère de Narfi. Ce Vali fut transformé en un loup baveux qui mordit la gorge de Narfi.

Valkyries

De belles jeunes filles qui choisissent les héros à abattre au combat et les conduisent au Valhalla.

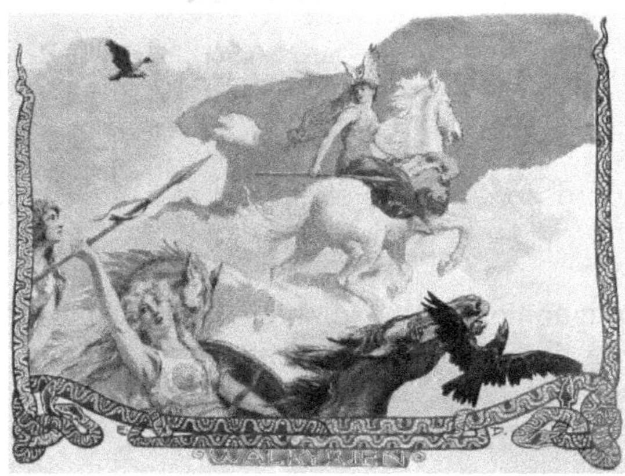

Les **Walkuren** (*valkyrjar* en vieux norrois) sont des déesses de la guerre de la mythologie nordique. À l'origine, il s'agissait de déesses de la mort et de la guerre, qui parcouraient les champs de bataille sur le dos de chiens de l'enfer à la recherche de héros abattus (tombés) pour servir de messagers à Odin avant la bataille finale du ragnarok.

Dans la culture populaire, les Valkyries ont fini par passer du statut d'affreuses sorcières à celui de belles jeunes filles. Elles étaient les servantes ou les filles d'Odin et portaient de belles armures avec des casques et des lances et étaient assises sur des chevaux avec des ailes.

Bien que les Walkurs soient fréquemment considérées comme des déesses qui ont pris les armes elles-mêmes, elles ne se sont pas battues elles-mêmes. Du moins, il n'existe aucun écrit connu décrivant que les Walkurs participaient eux-mêmes aux combats. Leur tâche consistait à visiter les champs de bataille et à choisir le guerrier le plus héroïque (tué) pour l'emmener au Valhalla. Seuls les guerriers les plus courageux étaient choisis et ils menaient une vie agréable au Valhalla jusqu'à la bataille finale, le ragnarok.

Choisir les plus braves parmi les guerriers était une tentative futile d'Odin pour gagner la bataille finale. Lorsque les Walkuren ne cherchaient pas de héros sur le champ de bataille, ils avaient aussi une autre tâche. Par exemple, ils servaient les héros dans le Valhalla.

Tant que les Walkurs restaient vierges, ils restaient immortels et invulnérables. Le reflet de leur armure provoquait une aurore.

Vanaheimr

Vanaheim (en vieux norrois *Vanaheimr*) était le royaume des Vanir (dieux de la fertilité) ou Wanen. Ils constituaient la branche la plus ancienne des deux familles de dieux de la mythologie nordique. L'autre branche de la famille, plus jeune, était les Ases (dieux de la bataille) ou Ashes, qui vivaient à Asgard, loin de Vanaheim.

Peu après la création, les Vanir et les Aesir se sont battus pour la suprématie. Après la victoire des Ases, la paix fut établie par un échange d'un certain nombre de dieux des deux côtés. Les Vanir envoyèrent à Asgard le dieu de la mer Njörðr et ses deux enfants Freyr et Freya, ainsi que le sage Kvasir. Les Ases ont envoyé Hœnir et le sage Mímir à Vanaheim.

Vanir

Une race de dieux nordiques qui ont fait la guerre aux Ases et se sont ensuite réconciliés avec eux.

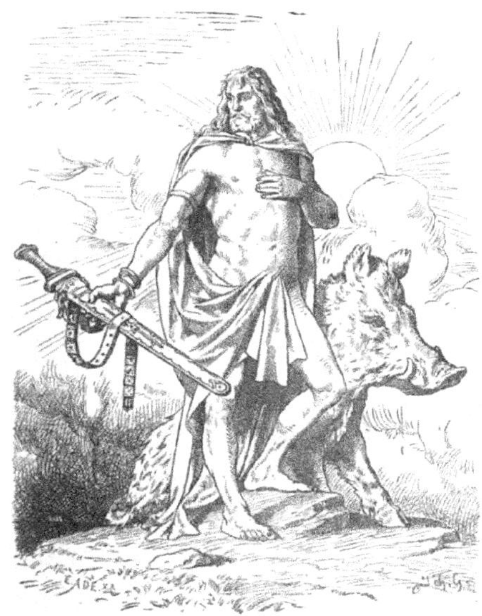

Les **Wanen**, également appelés *Vanir* ou *Vanen*, sont les disciples de Vili et Ve dans la mythologie nordique. Ils sont opposés aux Æsir. Ces deux familles de dieux sont apparues après qu'Odin, Vili et Ve aient créé le monde. Odin n'était pas encore satisfait, mais ses frères l'étaient, qui voulaient faire le tour de leur création. C'est ainsi que les deux "familles de dieux" ont été créées.

Plus tard, il y aura des querelles entre les deux familles car les Æsir voulaient construire un mur pour protéger Asgaard. Les Wanen n'en voulaient pas car cela aurait entravé leur libre passage. En effet, les Wanen se déplaçaient, ils ne restaient pas au même endroit. Une guerre s'est donc déclenchée entre les Æsir et les Wanen.

Périodiquement, les deux familles se réconcilient et finissent par créer Kvasir pour les aider à maintenir la paix en agissant comme un "médiateur" entre les deux familles.

En outre, les deux familles échangeront des "otages". Certains des Æsir vivront avec les Wanen et vice versa. Par exemple, Njord avec sa fille

Freya et son fils Freyr s'installeront chez les Asgaard et Hœnir, entre autres, a commencé à voyager avec les Wanen.

Caractéristiques

Les Wanen sont des dieux de la fertilité, de la mer et de l'abondance. Alors que les Æsir étaient considérés comme des dieux agissant de manière distincte et souvent belliqueux, les Wanen étaient considérés comme des dieux riches et dispensateurs de richesses, des modèles de fertilité, de bonheur et de paix et, avec les Æsir, d'unité.

Ils possèdent une connaissance approfondie des arts magiques et connaissent également l'avenir. On dit que Freya a enseigné la magie aux Æsir.

Ils pratiquaient l'endogamie et même l'inceste, ce qui était interdit chez les Æsir. Par exemple, Freyr et Freyja étaient les enfants de Njord et de sa sœur (voir Nerthus).

Les conflits ultérieurs avec les chrétiens qui tentaient de convertir le Nord païen se sont souvent avérés insolubles à cause des cultes entourant ces Wans. Dans ces cultes, les tribus nordiques avaient choisi soit les Wanen, soit les Æsir, ou parfois les deux. Dans les régions où la pêche et la navigation prédominaient, on optait plus souvent pour les cultes des Wanen.

Localisation

La résidence principale, la patrie, des Wanen est Vanaheim, l'un des trois " mondes supérieurs ". Mais dans la mythologie nordique, la présence réelle des dieux se voit dispersée autour de l'arbre de vie Yggdrasil, qui s'étend à travers le cosmos (voir : cosmogonie nordique).

Délires ou Alves

L'Edda fournit une identification possible des Wanen avec les elfes (Alven ou Alfar), car elle mentionne souvent "les Æsir et les Wanen" ainsi que "les Æsir et les Alven" pour désigner "tous les dieux". Les Wanen et les Alven étaient tous deux des forces de fertilité et cette interchangeabilité suggère donc que les Wanen étaient en fait synonymes des elfes. Il se pourrait que les deux noms d'espèces reflètent une différence de statut, les elfes étant des dieux de la fertilité moins importants que les Wanen, des dieux de la fertilité plus distincts. De cette façon, Freyr serait alors considéré comme le souverain naturel des elfes à Alfheim.

Chronologiquement, les elfes pourraient également dater d'une époque antérieure, après laquelle ils ont été progressivement et seulement partiellement remplacés par les Délires, une collection plus prononcée de pulsions individualisées basées sur la fertilité.

La réimagination contemporaine d'une religion nordique axée sur les illusions est parfois appelée **Vanatrú**.

Les délires et leurs invités en rang

- Freyja
- Freyr
- Gerd
- Gullveig, Quand les Æsir l'ont mal traitée, cela a provoqué la guerre entre les dieux.
- Hœnir, un otage d'Ase
- Mímir, un otage d'Ase.
- Kvasir
- Lýtir
- Njǫrðr
- Skaði
- Ran
- Atla

Vidar

Également orthographié Vithar.

Dieu de la vengeance

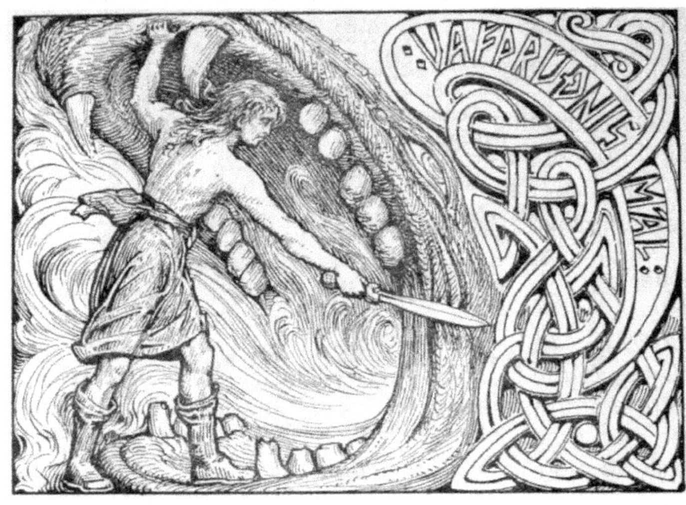

Vidar ou **Widar,** dans la mythologie nordique selon le Skáldskaparmál (deuxième partie de la Prose-Edda), était un dieu silencieux de la forêt vivant seul (dieu du silence et de la vengeance). Il était le fils unique d'Odin et de Grid, et vivait à Vidi ou Landwidi (*"Landwidi"*), où tout était calme et paisible, avec de grands buissons et de hautes herbes. Selon certaines sources, son palais était fait de feuilles.

Vidar est le deuxième dieu le plus fort. Il est décrit comme *"le dieu silencieux"*. Dans la LokÆsirna, il est le seul dans la salle d'Aegir à être épargné par la colère de Loki. Comme Vali, il est aussi un dieu de la vengeance.

Son destin était de venger son père avec le Ragnarok. En fait, Odin serait alors tué par le loup Fenrir, et Vidar tuerait Fenrir à mains nues en mettant son pied dans la gueule de la bête et en la fendant. Pour ce faire, il avait une chaussure spéciale à bouts de fer qui, selon la légende, était fabriquée à partir des morceaux de cuir que les gens avaient coupés pour garder leurs orteils et leurs talons libres. Vidar était l'un des rares dieux destinés à survivre au Ragnarok.

Selon le Völuspá, cependant, il utilise son épée pour tuer le loup en la plantant directement dans son cœur.

Après le Ragnarok, il vivra dans le monde avec ses frères Balder, Hodr et Vali.

Vili & Ve

Aussi appelé Lothur.

Dieux de la Terre

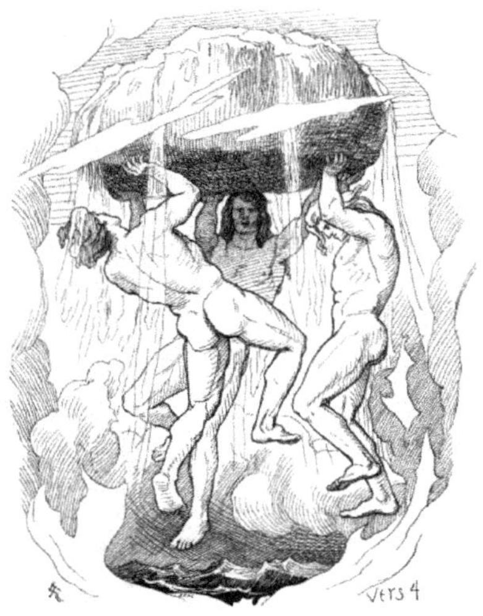

Vili, dans la mythologie nordique, est le frère d'Odin et de Vé.

Selon certains contes, ils seraient nés de l'aisselle d'Ymir ; selon d'autres contes, ils seraient les fils de Borr et Bestla, ce qui est plus généralement admis. Dans ce conte, les deux géants auraient été libérés de la glace par la vache primordiale.

Ils étaient les premiers dieux, les créateurs du monde. Ils ont tué le géant de glace Ymir et ont créé le monde à partir des parties de son corps. Les peuples Ask et Embla ont été créés à partir de morceaux de bois que les trois dieux ont trouvés sur la plage.

À un moment donné, Vili et Ve ont estimé que c'était suffisant, tandis qu'Odin n'était pas encore satisfait. C'est là que la séparation des dieux en deux " familles " a eu lieu : les Æsir ou *Asir*, partisans d'Odin, et les Vans ou *Vanir*, partisans de Vili et Ve (dans un poème islandais de l'Edda, Vili est aussi appelé Honir et Ve Lodur). Les Æsir reçurent Freya et Freyr, les Vans Mímir et Honir (ou Vili). Cette paire reçut initialement un accueil chaleureux de la part des Vans, mais ils conclurent rapidement que l'échange ne leur avait pas été bénéfique. Vili était extraordinairement

152

indécis, n'exprimant ouvertement son opinion qu'en l'absence de Mímir.
Les Vanir eurent l'impression que Mímir devait servir de voix et d'esprit à
Vili ; ils décapitèrent donc Mímir et ramenèrent sa tête à Asgard. Bien que
la bataille ne se soit pas rallumée, un fossé s'est creusé entre les Æsir et
les Vanir, ce qui a eu pour conséquence de diminuer l'importance de ces
derniers. Même à l'époque viking, la distinction entre Vanen et Æsir était
floue.

Vé

Dans la mythologie nordique, **Vé** était un vorstreus, fils de Borr et de
Bestla et frère d'Odin et de Vili.

Selon certains récits, ils seraient nés de l'aisselle d'Ymir ; selon d'autres
récits, ils sont les fils de Borr et Bestla, ce qui est plus généralement
accepté.

Lui et ses frères ont tué le géant des glaces Ymir, et ils ont créé le monde
à Ginungagap à partir des parties de son corps. À un moment donné, Vé
et Vili pensent que le monde est terminé, mais Odin veut aller encore plus
loin. C'est là que les deux familles se déchirent : les Æsir, les partisans
d'Odin, et les Wanen, les partisans de Vé et Vili. Les Teutons eux-mêmes
ne font guère de distinction entre les deux familles.

Dans certaines versions de ce mythe, Vé est appelé *Lodur* ou *Lother*.

Lodur a donné de la chaleur et de l'essence à Ask et Embla, voir Voluspá.

Yggdrasil

Yggdrasil est l'arbre du monde dans la cosmogonie nordique. Son nom se traduit littéralement par "cheval d'Yggr" ou "cheval d'Odin" et fait référence à la force vitale féroce qui le porte et l'entraîne partout.

Yggdrasil est l'arbre de la vie et de la connaissance, le symbole de la forme ramifiée sans fin de ce qui est. En même temps, il porte et relie les mondes comme un axe mondial (axis mundi). Il montre en même temps le chemin vers le haut, le chemin que suit le chaman pour entrer dans le royaume des dieux et des esprits. Il va du monde souterrain au monde des dieux et des héros en passant par le monde humain.

Frêne ou if ?

Par le passé, Yggdrasill était souvent considéré comme un frêne géant (Fraxinus Excelsior). De nombreux spécialistes s'accordent aujourd'hui à dire qu'une erreur a été commise dans l'interprétation des écrits anciens et que l'arbre est très probablement un if (Taxus baccata). L'erreur trouverait son origine dans un autre mot désignant l'if en vieux norrois, à savoir "frêne à aiguilles" (*barraskr*). En outre, des sources anciennes, dont celle de l'Edda, font référence à un *vetgrønster vida* signifiant "arbre à feuilles persistantes". Toutefois, le frêne perd ses feuilles en hiver, tandis que l'if conserve ses aiguilles.

Les conifères étaient souvent considérés comme sacrés dans le passé, car ils ne perdent jamais leur verdure. L'arbre de vie n'était pas seulement un symbole issu des contes, mais les adeptes des religions de la nature se réunissaient également autour d'un arbre ancien. Les chamans tombaient en transe et les histoires des Eddas y étaient racontées. L'if dégage de la taxine gazeuse par temps chaud, une substance qui peut provoquer des hallucinations chez les gens ou même évoquer une expérience de mort imminente dans laquelle l'esprit peut quitter temporairement le corps. Cela se retrouve également dans l'histoire d'Odin qui, après avoir été suspendu "sans vie" à l'arbre pendant neuf jours, a reçu sa révélation concernant les runes.

Par rapport au frêne, l'if a une durée de vie beaucoup plus longue. L'âge du pin de Fortingall, en Écosse, est estimé à plus de 2 000 ans. Dans l'expérience des gens de l'époque, des arbres aussi vieux étaient immortels et étaient donc considérés comme des arbres sacrés.

Étymologie et signification

Ygg signifie *le terrible* et *drasill* est *cheval (moyen de transport), cheval-vapeur*. *Yggr* est considéré comme une épithète pour Odin, ce qui lui donne le sens d'"'étalon d'Odin". Le cheval était l'animal préféré des chamans pour voyager entre les différents mondes, soulignant ainsi la connexion entre les neuf mondes différents que relie Yggdrasill.

En outre, le *cheval*, en tant que symbole archétypal mythologique très répandu, a, selon Carl Gustav Jung, la double signification de *force porteuse* (qui vous emmène partout) et de *force motrice* (dérive naturelle). Ainsi, le fait qu'Yggdrasil soit également identifié au cheval d'Odin peut indiquer que ce symbole désigne la **dérive naturelle perpétuelle** qui se ramifie presque sans fin dans l'expression de nombreux mondes. Après tout, c'est aussi cette pulsion naturelle omniprésente, Yggrasil, l'arbre de vie, qui survit à la fin des mondes (Ragnarok) et offre un nouveau départ.

De plus, selon Jung, le fait que le cheval soit *sous le* cavalier expliquerait également son association avec le pouvoir naturel des *pulsions* inconscientes (psychiques). En effet, Odin lui-même est associé à la *connaissance et à la sagesse* qui se dynamisent à travers les pulsions et qui vont les guider dans la bonne direction. Cette combinaison fait d'Odin un fervent guerrier en paroles et en actes.

Une autre signification de *ygg* est *éternel*, *génial* ou *ancien/intemporel*. Odin est aussi appelé yggjung (vieux-jeune).

Les neuf mondes qui relient Yggdrasill

1. Asgaard, le monde des Cendres
2. Álfheimr, le monde des elfes de lumière
3. Muspelheim, le monde du feu
4. Vanaheim, le royaume des dieux de la fertilité ; les Vanir
5. Midgard, le monde des hommes
6. Jötunheim, le monde des Jötuns
7. Niflheim, le royaume des brumes ; les morts y habitent.
8. Svartalfheim (ou Nidavellir), le monde des elfes noirs ou des nains.
9. Helheim, la résidence de la déesse Hel

Les habitants de l'arbre : Créatures mythiques

- Tout en haut du cimier, l'aigle bicéphale Viðofnir veille, symbole de la lumière et de la clarté du regard. Il fait souffler le vent sur les mondes avec ses ailes.
- Dans certaines représentations, on y trouve également un coq éveillé et deux faucons avertissant les dieux en cas de danger. Dans d'autres représentations, le faucon Vedrfolnir se pose sur le front de l'aigle ou même dans son œil.
- Sous les brindilles, les dieux tiennent leur cour.
- Au fond des racines, les serpents primitifs Góinn et Móinn descendus de Grafvitnir (le loup des tombes) se tortillent, et le dragon Nidhogg (symbole de la puissance obscure) mange la racine.
- Autour du tronc vivent quatre cerfs aux grands bois ramifiés, Dáinn, Dvalinn, Duneyrr et Duraþrór. Ils se nourrissent de l'écorce, des feuilles inférieures et des fruits.
- L'écureuil Ratatoskr est le messager entre les mondes, un peu comme Hermès l'est pour Zeus, marchant constamment de haut en bas. Mais il suscite des tensions entre le supérieur et l'inférieur.
- Les dommages causés à Yggdrasil par certaines des bêtes sont réparés par les norns. Ces trois femmes sont aux racines.

Habitants de l'arbre : les dieux

La plupart des dieux résident à Asgard, quelques-uns ailleurs également. *Voir* aussiPrésentation *générale* des dieux germaniques.

L'arbre de vie survit au Ragnarök

Yggdrasil est également au cœur du mythe du Ragnarök. Lorsque l'arbre de vie commence à trembler, la fin du monde est proche. Les deux seuls survivants humains (il y en a aussi parmi les dieux), Lif (vie) et Lifthrasir (désir de vie), peuvent s'échapper en se cachant dans les branches d'Yggdrasil, où ils se nourrissent de la rosée du matin et bénéficient de la protection de l'arbre :

> *Le feu ardent ne les brûlera pas, il ne les touchera même pas, et leur nourriture sera la rosée du matin.*
> *À travers les branches, ils verront un nouveau soleil qui s'allumera lorsque le monde prendra fin et recommencera.*